우리는 왜
젠더를 이해해야 할까?

우리는 왜 젠더를 이해해야 할까? **지은이** 안느 샤를로트 위송, 토마스 마티유 **옮긴이** 강현주 **발행인** 이상용 **발행처** 청아출판사 **출판등록** 1979.
11. 13. 제9-84호 **주소** 경기도 파주시 회동길 363-15 **대표전화** 031-955-6031 **팩스** 031-955-6036 **전자우편** chungabook@naver.com
발행일 초판 1쇄 인쇄 · 2021. 11. 1. 초판 1쇄 발행 · 2021. 11. 15.

ISBN 978-89-368-1189-1 03300

값은 뒤표지에 있습니다. 잘못된 책은 구입한 서점에서 바꾸어 드립니다. 본 도서에 대한 문의사항은 이메일을 통해 주십시오.

우리는 왜
젠더를 이해해야 할까?

성별의 차이, 젠더에 대한 다양한 논의

안느 샤를로트 위송·토마스 마티유 지음 | 강현주 옮김

청아출판사

프레주-툴롱 교구

가톨릭 가족 연합 전국 대회

학교에서의 젠더 교육 반대 청원에 서명하세요!

2011년 6월

크리스틴 부탱, 대선 후보로서 당신의 기본 신념 중 하나는 **젠더 이론에 반대**하는 것입니다.

그래요.

내년에 1학년으로 입학하는 아이들은 과학과 생활 수업에서 젠더 이데올로기를 과학적 사실로 배우게 될 것입니다. 이것은 당연히 잘못된 일입니다.

우리는 이런 식으로 아이들의 판단력을 완전히 무너뜨리고 있어요.

[〈르피가로〉와의 대담]

크리스틴 부탱
기독민주당 대표이자 2012년 프랑스 대선 후보

르피가로

LE FIGARO

LES CATHOLIQUES MOBILISÉS CONTRE LES MANUELS DE BIOLOGIE.

리베라시옹

libération

MANUELS SCOLAIRES: LE MAUVAIS PROCÈS DES BON CHIC BON GENRE

르푸앙

Le Point

THÉORIE DU GENRE:

QUATRE-VINGTS DÉPUTÉS EXIGENT LE RETRAIT DE MANUELS SCOLAIRES

젠더라는 단어는 영어권에서 너무 보편화돼서 'SEX(성별)'라는 단어를 대체하게 됐습니다.

예를 들면

What GENDER is your cat?
(당신 고양이의 젠더는 무엇인가요?)

나아옹~

야옹~

그래서 영국 사람들에게 일부 국가에서는 **젠더 이론**에 반대하는 시위도 벌어진다고 설명하니…

눈을 동그랗게 뜨고 나를 쳐다보았습니다.

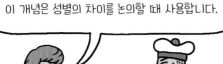

젠더는 전혀 새로운 주제가 아닙니다. 이 개념은 성별의 차이를 논의할 때 사용합니다.

그러나 10년 전만 해도 영어권 국가 외에는 이 개념이 일반 대중에게 거의 알려지지 않았습니다.

젠더!

뭐라고요?

많은 사람이 동성 간 결혼을 비롯해 학교에서의 성교육, 대리모 문제에 이르기까지 젠더라는 주제를 매우 당혹스러워하거나 놀라워하며 논쟁을 벌였습니다.

2010년대에는 **젠더 이론**에 반대하는 국제적인 운동이 전개됐습니다.

젠더를 **반대** 합니다

한 명의 아빠 한 명의 엄마

젠더 이론을 반대합니다

학교에서의 젠더 이론 교육 **반대**

젠더에 대한 고정 관념을 건드리지 마세요!

이 만화에서는 이러한 운동을 **반젠더(ANTIGENDER)** 라고 부를 것입니다.

국가를 막론하고 논란의 중심에는 두 가지 주제가 있습니다.

학교에서의 성교육 및 정서 교육
이성애 이외의 다른 섹슈얼리티*에 관해 이야기해야 할까요?

LGBT+

동성 커플의 결혼
2000년대, 2010년대에 여러 국가에서 합법이 됐습니다.

2001년 네덜란드

2003년 벨기에

2005년 캐나다, 스페인

2006년 남아프리카 공화국

2009년 노르웨이, 스웨덴

2010년 포르투갈, 아일랜드, 아르헨티나

2012년 덴마크

2013년 브라질, 프랑스, 우루과이, 뉴질랜드

두 가지 주제 모두 **LGBT+** 가 대상입니다.

LGBT+ 레즈비언(Lesbian), 게이(Gay), 양성애자(Bisexual), 트랜스젠더(Transgender)
+기호는 이성애에 속하지 않거나 성 정체성이 출생 시 식별되는 방식과는 다른 모든 사람이 여기에 포함된다는 의미입니다.

젠더 이론은 모든 악의 근원으로 소개됩니다.

이 이론은 동성애를 조장하고 성을 분화하지 않고 아이들의 정서와 우리 사회의 기초를 파괴한다는 비난을 받고 있습니다.

이 책에서 우리의 주요 목표는 **반젠더** 운동을 분석하고 그것이 평등이라는 민주적 이상에

어떻게 의문을 제기하는지 분석하는 것입니다.

남녀 평등

섹슈얼리티의 평등

다양한 설명을 많이 하겠지만, 그렇다고 이 책이 젠더에 대한 안내서는 아닙니다.

---

* 생물학적 성(性)의 구별이나 직접적인 성행위를 뜻하는 섹스(sex)와 달리 섹슈얼리티(sexuality)는 성적 관계, 심리, 사회 규범과 관습 등 '성적인 것 전반'을 포함하는 용어이다.

· 1장 ·
새로운 적

이 이론은 서로 다른 성 정체성을 인정한다는 **명목하에 궁극적으로 소아성애**, 심지어 동물성애까지 **합법화하려 합니다.**

라이오넬 루카
우파정당 UMP 국회의원

이 이론에 따르면, 사람들은 더 이상 남성과 여성으로 정의되는 것이 아니라 특정 섹슈얼리티, 즉 동성애자, 이성애자, 양성애자, 성전환자 등으로 정의됩니다.

UMP 소속 국회의원 80명의
공개 서한

이건 단순한 이론이 아닙니다. 우리 모두가 일종의 **중성적인 집단**에 속해 있으며, 여러분과 내가 여자라면 그것은 사회가 결정했기 때문이라고 주장합니다. 결국 남녀 간의 **차이를 부정**하려는 이데올로기입니다.

크리스틴 부탱

젠더는 하나의 이데올로기라고 생각합니다. 다름에 대한 혐오감은 성도착자에 대한 혐오감이고, 성도착자들은 그런 혐오감을 받아들이지 못합니다. 프로이트는 성도착자를 두고 어머니에게 페니스가 없는 것을 받아들이지 못하는 사람이라고 말했습니다.

보리스 시룰닉
신경정신의학자, 작가

그렇다면 이런 파문을 일으키는 '젠더 이론'은 무엇일까요?

우선 젠더 이론은 ↓ 젠더가 ↓ 아닙니다

젠더 이론은 사회적으로 **보수주의자들**이 자주 사용합니다.

젠더는 **학계 혹은 평등 투쟁** (특히 페미니스트와 LGBT+)에서 사용합니다.

이런 사실을 대부분 모르고 있지만…

젠더는 사회에 있어 진정으로 **위험한 요소**입니다.

논문들은 이 개념을 '**젠더 연구**'라는 이름으로 분류해 사용합니다.

젠더 이론

→ 이 표현이 핵심 단어입니다. 계속해서 논란이 되는 '젠더 이론'이라는 표현이 긴장을 고조시킵니다.

학교에서 젠더 이론을 가르치는 대신 프랑스어나 수학 수업을 더 해야 하지 않을까요?

[…]젠더 이론은 존재하지 않습니다. 그것은 존재하지 않는 것입니다. 나는 한 번도 젠더 이론을 접해 본 적이 없습니다. 사람들이 젠더를 이야기할 때, 실제로 존재하는 것은 젠더 연구입니다.

나자트 발로 벨카셈
2012년부터 2014년까지
프랑스 여성인권부 장관

젠더 이론

젠더 이론이라는 말은 하나의 통합된 분야, 즉 유일하고 조직적인 적을 다루고 있다는 인상을 줍니다.

반면 젠더 연구는 종종 반론이 제기되기도 하는 방대한 분야의 논문들로 이루어져 있습니다.

이것은 **영어** 단어 'Gender Theory'를 번역한 것입니다.

이러한 번역은 **부정확**하고 문제가 될 수 있습니다. 차라리 이렇게 고치는 것이 더 낫습니다.

젠더에 대한 이론화

젠더 이론은 단 하나만 존재하는 것이 아니며, 젠더를 이론화하는 데는 **여러 가지 다양한 방법**이 있습니다.

이것은 **단지** 이론일 뿐입니다.

'이론'이라는 단어는 젠더 연구가 불확실한 특징을 가진다는 것을 암시할 수 있습니다.

이것은 이론일 뿐이며, 입증되지 않았습니다!

지식 분야에서 이론이란 특정 영역에 적용되는 일련의 아이디어와 개념을 말합니다.

반젠더 주장에서는 다음과 같은 표현을 사용하고 있습니다.

젠더	젠더 이론	젠더 이데올로기

학교에서 젠더를 중단하라.
이탈리아

모두를 위한 시위
프랑스

아르헨티나는 젠더 이데올로기를 반대합니다.
아르헨티나

이론과 **이데올로기**라는 단어는 번갈아 사용됩니다.

모든 언어는 영어 단어 'gender'를
그대로 사용합니다.
왜 이 단어를 사용하는 것일까요?

현실성 없이 쌓여 있는
지식을 가리키려고

젠더라는 개념이 갖는
파괴적인 정치적 가치를 강조하려고

현실과 동떨어졌다는
의미를 강조하기 위해서죠.

이론

이데올로기

예를 들어 프랑스에서는 미국과의 차이를 드러내는 것을 정말 좋아합니다.
성별 간의 전쟁? 미투(Me Too)? 어떻게 말하든 거의 차이가 없습니다!

젠더라는 개념은 미국에서 만들어진 것으로
간주됩니다. **경계심**이 느껴집니다.

우리는 집요하고 부적절한 유혹을 좋아하며,
미국식 청교도주의를 거부합니다.
성적 자유와 치근댈 수 있는 자유에 환호합니다.

이건 우리 게
아니에요!

캐서린 밀레

[100인의 여성이 서명한 기고문,
〈르 몽드〉 2018년 9월 1일 자]

그러나 우리는 젠더와 관련해
성별의 차이가 문화의 일부로 여겨지기를
기대하지는 않습니다.

오늘날 이것을 젠더라는 이름으로 이론화하고 있지만,
이것은 새로운 아이디어는 아닙니다. 잊혔던 유산이죠.

여성은 태어나는 것이 아니라
만들어지는 것이다.

프랑스에 **젠더 이론**을 도입하면서,
우리는 우리 사회의 **심각한 분열**에 직면하게 될 겁니다.
모든 프랑스인은 혼란을 겪을 것입니다.

시몬 드 보부아르

따라서 우리는 이 이론이
우리나라의 어느 분야에 **침투**하게 될지
실질적인 목록을 만들어야 합니다.

2012년 비르지니 두비 밀러와
자비에 브르통이 주도해
프랑스에서 젠더 이론의
도입 및 보급에 관한
조사 위원회 창설을 위한
결의안 발췌문

자비에 브르통

비르지니 두비 밀러

그들은 '**젠더**'를 교과 과정에
담고자 합니다!

우리 문화권에서는 생소한 개념인
앵글로색슨의 단어가 우리네 학교 교과 과정에서
선택의 위치에 놓일 것입니다.
'젠더' 혹은 '섹슈얼 젠더'라는 단어가
과연 프랑스어로 말하는 사람의 입에서
나왔을까요?

종교와 무관한 반박

크리스틴 타생

젠더는 무엇일까요?

누가, 어떤 분야에서 사용하느냐에 따라
젠더는 여러 가지로 정의될 수 있습니다.
여기에서 하나의 정의를 소개하겠습니다.
또 다른 정의는 이 만화의 뒷부분에 나옵니다.

인류를 남성/여성이라는 두 가지 범주로
엄격하게 나누는 이분법적인 시스템이 있습니다.

이 두 범주는 동등한 선상에 있지 않고
계층화돼 있습니다.

이 정의는 남성 지배와
양성 불평등이 어디에서
비롯됐는지 설명해 주는
한 가지 방법이기도 합니다.

젠더는 단지 차이를 만들 뿐만 아니라 권력 관계를 만듭니다.

따라서 성별의 차이에 대해 말하는
것만으로는 충분하지 않습니다.

각 범주는 외모나 자질과 결부돼 있으며,
남성적이라고 여겨지는
자질만이 권력과 관련돼 있습니다.

가장, 보호자

어머니, 안주인

젠더 연구 외에도, 우리는 성 평등 투쟁, 특히 LGBT+나 페미니스트의 투쟁에서 이 개념을 찾아볼 수 있습니다.
모든 사람이 사용한다는 의미는 아닙니다!

프랑스에서는 **교과서 사건** 이전에
젠더 또는 젠더 이론에 대해 들어본 사람이
거의 없었습니다.

수많은 사람이 가톨릭과 보수 단체의 비난 성명을 접하고
이 용어를 알게 됐습니다.

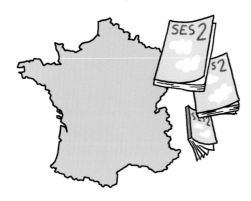

교과서 사건 1년 후인 2012년 **모두를 위한 결혼**(Mariage pour tous)
반대 운동이 일어나 젠더는 공적 영역에서
거친 논쟁의 대상으로 등장했습니다.

'모두를 위한 결혼'이라고 알려진 법은
동성끼리 결혼할 수 있다고 규정합니다.

특히 가장 유명한 인물 중
한 명이 될 **크리스티안 토비라**가
이 법을 주도했습니다.

크리스티안 토비라
2012년부터 2016년까지
프랑스 법무부 장관

모두를 위한 시위(La Marif Pour Tous)는
이 법에 맞서 싸우려고 2012년에 결성된 단체입니다.

이 단체는 젠더, 동성 부모, 임신 중절에 반대하고
'전통적인 형태의 가족'을 옹호하는
목소리를 냈습니다.

2012년 11월 17일

이것은 세계적인 운동으로 번졌습니다.

이러한 단체는 종교와 무관한 단체임을 표방하지만,
특히 가톨릭 계통의 종교 모임으로 이루어진 경우가 많습니다.

성직자 사랑과 가족
부부 상담 및 가족 상담, 인생 교육을 위한 훈련 기관

기독교 가족 협회

알리앙스 비타
낙태와 안락사에 반대하는 운동을 주로
하는 프랑스의 낙태 반대 운동 협회

AFC
가톨릭 가족 협회

프리지드 바르조
'모두를 위한 시위' 공동 설립자,
언론인이자 기독교 운동가

베아트리체 부르지스
'모두를 위한 시위' 공동 설립자,
기독교 우파 성향

루도빈 드 라 로쉐르
과거 프랑스 주교회 언론 담당관,
'모두를 위한 시위' 언론 담당관이자 회장

여러 달 동안 '모두를 위한 시위'는 **프랑스인 수천 명**을 동원해 점점 더 위압적으로 시위했습니다.

그럼에도 이 법안은
2013년 5월 17일에 채택돼
시행되고 있습니다.

2013년 5월 25일

시위를 시작할 때부터
젠더 이론(그 전년도에 벌어진 교과서 사건도 함께)을 언급했습니다.

2012년 11월 17일

2014년

그러나 이 시위가 **성적 취향과 결혼**에 관한 것이라면
젠더와 무슨 상관이 있을까요?

2014년

젠더와 섹슈얼리티, 이 주제는 서로 다르지 않을까요?

섹슈얼리티

이 단어에는 다음과 같은 뜻이 담겨 있습니다.

한 사회 내에서
에로틱한 의미를 지닌 모든 행위

사회마다 '정상' 혹은 '일탈'로
간주해 받아들여지거나 거부되는
행위가 있습니다.

법, 도덕 또는
정신의학 관점에서

또한   사람들을 욕망의 대상, 즉 '성적 취향'에 따라 분류하는 절차

이 단어는 1973년에 등장했습니다.

《젠더에 대해 비판적인 백과사전
(Encyclopédie critique du genre)》,
줄리에트 렌느 편집, 2017년, p.17

젠더와 섹슈얼리티에는
많은 연관성이 있습니다.

이성 중심인 우리 사회에서는
기본적으로 모든 사람을
이성애자로 추정합니다.

'커밍아웃'이 이런 생각을 바꿀 수 있습니다

'커밍아웃'을 배제한다면, 이성애가 표준입니다.
따라서 여성이 남성에게 끌리거나 남성이 여성에게
끌릴 것이라고 은연중에 생각합니다.

다시 말해서 우리는 성별을 바탕으로
성적 이끌림을 추정하는 경향이 있습니다.

젠더와 섹슈얼리티는 밀접한 관련이 있지만, 이 두 가지는 별개의 개념입니다.
하지만 반젠더 담론에서 이 두 개념은 종종 혼동돼 사용됩니다.

교과서 논란 당시에 르죈 재단에서 배포한 팸플릿을 보면
젠더와 섹슈얼리티가
얼마나 혼동돼 사용되는지 알 수 있습니다.

르죈 재단 (La Fondation Lejeune)은 가톨릭 신앙을
바탕으로 설립돼 임신 중절 및 안락사 반대 운동을 하는
주요 협회 중 하나입니다.

이 재단은 '모두를 위한 시
위'와 긴밀한 관계를 유지하
고 있습니다.

팸플릿에는 다음과 같은 글이 있습니다.

젠더 이론에 따르면 성별은 우리가
자유롭게 인정할 수 있는
자신의 성적 취향을 바탕으로
해야 합니다.
(p.7)

이 말은
논리에 맞지
않습니다.

일부는 성별에 여섯 가지가 있다고
주장합니다.

남성 이성애자, 여성 이성애자, 호모, 레즈비언,
양성애자 및 무성애자
(또는 남성도 여성도 아니라는 의미에서 중성애자)
(p.7)

아무도 이 주장에
동의하지 않습니다.

젠더에 대한 연구는
제대로 설명되지 않고 왜곡돼서
완전히 알아볼 수 없게
변하고 있습니다.

이 개념은 우리 상상력 속에 뿌리내리고 있는 **고정 관념**을 복잡하게 만듭니다.

다른 섹슈얼리티가 눈에 띄게 되는 것이죠.

이 개념은 특히 이성애에 의문을 제기하게 할 수 있습니다.

그리고 이성애는 절대 규범으로서의 타이틀을 잃게 됩니다.

레즈비언이 되는 것은 우리가 여자이기 때문에 남자에게만 관심 있을 것이라고 단정하는 문화 시스템에 저항하는 것입니다.

[에이드리언 리치]

1980년대부터 국내외 정책에 젠더 개념이 확산되면서…

보수 성향 인물들이 이를 걱정하기 시작했습니다.

그들은 이것이 성별의 차이에 대한 '자연스러운' 정의를 침해한다고 봅니다.

그뿐만 아니라 그들이 가장 위험하다고 여기는 것은 이것이 '동성애를 합법화'하는 하나의 수단이 될지도 모른다는 것입니다.

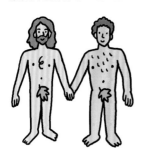

서서히 보수주의자들의 연설에서 젠더는 자동으로 섹슈얼리티…

그보다 동성애와 연결되고 있습니다.

이렇게 취급하게 된 이유 중 하나는 젠더에 대한 가톨릭 교단의 반응에서 찾을 수 있습니다.

1995년 유엔이 주최한 **제4차 세계여성회의**에서 전 세계가 **남녀평등**을 증진하기 위한 목표를 설정하려는 가운데…

바티칸 대표가 UN 문서에 사용된 '젠더'라는 단어에 체크 표시를 했습니다.

그는 과테말라, 온두라스, 이집트, 파키스탄, 수단, 몰타, 이란 대표단과 연합했습니다.

젠더를 따옴표로 묶을 수 있을까요? 이 용어는 합의되지 않았습니다.

과테말라

젠더라는 용어에 대해 별지 기재를 할 수 있을까요?

바티칸

우리는 이 용어를 계속 사용할 겁니다. 하지만 여러분은 최종 보고서에 별지를 자유롭게 추가할 수 있습니다.

좋아요.

교황청은 성 정체성에 대해 전 세계에 퍼진 다양한 관점에 근거한 **의심스러운 해석**을 배제합니다.

대변인 셀마 시팔라

바티칸

(직접적인 증언을 바탕으로 재구성했습니다.)

가톨릭교회는 특히
국내 및 국제 정책에
젠더라는 단어를 사용하는 것을
반대했습니다.

성과 생식에 대한 권리(피임, 임신 중절 등)를
인정하지 않겠다는
반응의 일환입니다.

1990년대에 대두되었던 논쟁은
결코 **젠더**만을 다루지는 않습니다.

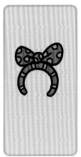

섹슈얼리티 또한 문제가 됐으며,
결혼 및 삶, 가족 및 윤리적 문제와
관련된 모든 것을 다루었습니다.

교황청 가정평의회는 책을 출간했습니다.

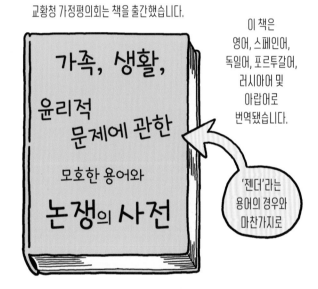

가족, 생활,
윤리적
문제에 관한
모호한 용어와
논쟁의 **사전**

이 책은
영어, 스페인어,
독일어, 포르투갈어,
러시아어 및
아랍어로
번역됐습니다.

'젠더'라는
용어의 경우와
마찬가지로

성직자이자 정신 분석가인
토니 아나트렐라를 비롯해
젠더에 반대하는 몇몇 인물이 돌연히 나타나 중심이 됐습니다.

좋든 싫든 간에 동성애는
여전히 심리 문제이자
성별 차이를 무시하려는 한 증상입니다.

〈르 몽드〉
1999년 6월 26일 자

1999년 아나트렐라는 **PACS***에 반대한
활동가로도 알려져 있습니다.

PACS
반대

가족은
신성하다!

* 연대 시민 협약(Pacte Civil de solidarité),
프랑스의 이성애 커플과 동성애 커플을 위한 시민 연합

2000년 아나트렐라가 '젠더 이론'이라는 용어를
처음으로 사용한 듯합니다.

젠더 이론에서는 …
남자와 여자의 차이가 없다.

[2000년의
아나트렐라]

2005년 그는 동성애자는 사제 서품을 받을 수 없다는
교황 칙령에 영향을 끼쳤습니다.

2005년 교황청 평의회 사전을 프랑스 상원에 제출합니다.

섹슈얼리티는 오늘날 소위 평등을 주장하기 위한 이슈로
더 많이 제시됩니다. 이성애, 양성애, 동성애, 성전환자,
복장 도착증 등은 좋은 감정이라는 명목으로
경험하고 공유해야 하는 것으로 제시됩니다.

인간의 섹슈얼리티에 대한 이러한 느닷없는 관점은
유아기 섹슈얼리티의 일차적 욕구를 해결하는 문제,
즉 그로써 나약하고 신경질적인 성격을 만드는 문제에 따른
부작용을 일으킵니다.

아나트렐라는 동성애에서 치유됐다고 주장하는
남성에 대한 성폭력 스캔들 이후
바티칸에서 배척당했습니다.

그는 교회에서 직분을 행사할
모든 권리를 박탈당했습니다.

따라서 '**젠더 이론**'이라는 표현을 만나면,
잠시 의문을 품을 필요가 있습니다.

마찬가지로 이 표현을 사용하기 전에
이렇게 자문해 보는 것이 좋습니다.

여기에서
이 표현을 사용한 이유는
무엇일까? 이 표현은
젠더에 대한
편견을 나타내는
것일까?

?

이 표현은
보이는 것보다
더 많은
의미를
담고 있지
않을까?

'젠더 이론'은 실제로
매우 부정적인 의미를 전달합니다.

그리고 **성이나 생식에 대한 권리**에
반대하고

비이성애를 인정하는 것에
반대합니다.

젠더에 대한 연구는
특히 창세기 이야기를 공유하는 3대 일신교 교리에 대한
위협으로 받아들여질 수 있습니다.

젠더 개념은 무엇보다 성별의 차이에 있어서
사회적, 역사적, 정치적인 면을 강조합니다.

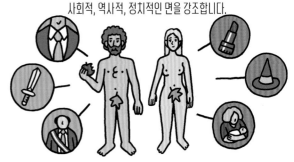

젠더는 우리가 반드시 **본성**을 고려하지
않고도 성의 차이에 관해
이야기할 수 있게 해 줄 뿐만 아니라

다양한 정체성과 섹슈얼리티를
인정하는 길을 열어 줍니다.

수많은 사람에게 이것은
받아들일 수 없는
과학적, 정치적 행위입니다.

· 2장 ·

성의 타고난 본성을 없애다

잠깐만요, 이해가 안 돼요. 뭐가 문제죠?

문제는 남성과 여성이 더 이상 존재하지 않는다고 말하는 미국인이 있다는 겁니다.

젠더 이론에서 우리는 성 정체성으로 정의됩니다. 만약 내가 여자라고 하면 나는 여자인 거죠.

이건 완전히 터무니없어요. 그들은 성의 차이를 부정합니다. 그것은 본성인데도요!

그렇다면 그들은 왜 그렇게 말하는 겁니까?

바로 그 점이 문제인 거예요! 그들은 그것이 여성과 남성의 평등을 위해서라고 말합니다.

고정 관념에 대한 투쟁이라는 거죠. 유행하는 모든 표현이 말이죠. 그러나 그것은 우리 말문을 막기 위한 겁니다!

만일 우리가 반대한다면, 그 즉시 우리는 성차별자, 동성애 혐오자가 되는 것이고, 평등에 반대하는 것이 됩니다.

그들의 목표는 분홍색도 파란색도 아니고, 모든 사람이 회색, 즉 중성이 되는 것입니다.

남자에게 남자임을, 여자에게 여자임을 금지하고 있어요. 이것이 본성에 반한다면 더 나쁜 것 아닌가요?

이게 평등일까요? 행복일까요?

30

젠더가 그토록 많은 문제를 제기하는 이유를 이해하려면, 젠더 연구의 중심에 있는 아이디어에 접근해 볼 필요가 있습니다.

사회 건설

다음과 같은 시각입니다.

인문 사회 과학에서 널리 사용되는 이 개념은 성별의 차이에 대한 본질적인 시각을 비판할 수 있게 합니다.

성별의 차이는 **본성**에 뿌리를 두고 있습니다.
불평등을 이해하려면 **생물학**으로 돌아가야 합니다.

남자가 되고 여자가 되는 것은 **본성으로 결정**됩니다.
여자가 아이를 돌보고 살림을 하는 데 더 재능이 있다면, 그것은 분명히 여자에게 어머니가 될 능력이 있기 때문입니다.

오늘날 이 기본적인 진리를 용기 내어 말한다면 우리는 반역자로 취급됩니다.

젠더는 본성에서 벗어나고 싶어하지만, 그것은 불가능합니다! 본성을 거스를 수는 없습니다.

반젠더 운동이 어느 나라에서 일어나던지 간에,
젠더 개념 자체에 대한 비판은 비슷합니다.
그 비판의 중심에는 하나의 아이디어가 자리 잡고 있습니다.

젠더 연구는 **성별에 따른 차이, 생물학적 영향력**,
그리고 **본성의 영향력**을 부정할 것입니다.

젠더 이론은 **본성에 대해 전면전**을
펼치고자 하는 사회 운동의
결과물입니다.

미셸 온프레
철학자, 파미유 크레티엔느와의
인터뷰 중에

고환에는 난자가 없습니다!

프리지드 바르조
프랑스

아르헨티나

① La auto percepción NO modifica la NATURALEZA #conmishijosnotemetas

② La Escuela debe enseñar verdades BIOLÓGICAS NO IDEOLÓGICAS

③ DIOS CREÓ Varón y Hembra OTRA COSA es LOCURA Preguntame ¿Por qué?

La Manif Pour Tous

① 자기 인식이 본성을 바꾸지는 않습니다.
#내아이들을건드리지마

② 학교는 이념적 진리가 아닌 생물학적 진리를 가르쳐야 합니다.

③ 하느님은 남자와 여자를 창조하셨습니다. 그 밖의 것들은 미친 짓입니다.

구성주의적 접근은
우리가 당연하게 여기는 것이
반드시 그렇지 않다는 것을 보여 줍니다.

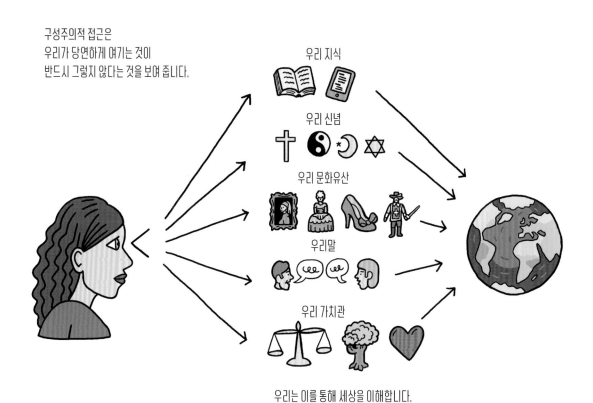

우리 지식

우리 신념

우리 문화유산

우리말

우리 가치관

우리는 이를 통해 세상을 이해합니다.

우리는 세상을 직접적으로 인식하지 않습니다.
우리 의식과 우리를 둘러싼 세상 사이에 여러 겹의 의미가 놓여 있기 때문입니다.

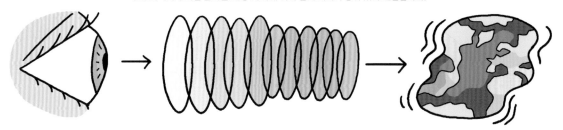

인종은 **사회적 구성주의***의
또 다른 예입니다.

* 인간의 생각이나 태도, 의식 등이 사회 속에서
  다른 사람과의 상호 작용으로 형성된다고 보는 이론

오늘날 우리가 알고 있는 인종차별적인 표현은
19세기 과학 이론에 근거를 두고 있습니다.

그 시대 과학 이론의
목표는 분명히
이념적이었습니다.

바로 백인 우월주의와
식민 제국주의를
정당화하는 것이었습니다.

이러한 과학 이론은 지금은 완전히 신뢰를 잃었지만,
인간의 차이에 대한 사회적 인식에 여전히 영향을 미치고 있습니다.

조지 짐머만은 편의점에서 물건을 사고 나오는
17세의 트레이본 마틴에게 총을 쐈습니다.

미국의 크리스토퍼 콜럼버스 축일을 반대하는 슬로건

35

젠더 개념을 거부하는 데에는 항상 **반지성주의**적 요소가 있습니다.

평등은 추구할 만한 목표야. 하지만 세상 모든 사람이 남자와 여자가 같지 않다는 것을 알고 있어. 당신 이론은 그만 집어치워!

사회적 구성주의? 그건 또 어떻게 만들어 낸 이론이야? 우리는 현실, 일상의 경험을 이야기해야 해.

한편으로 **젠더 연구**라는 방대하고 복잡한 연구 분야가 있습니다.

그리고 다른 한편으로 **확고한 개념**, 상식, 명백하고 확실해 보이는 모든 것이 있습니다.

젠더 이론은 지식인의 분야지.

그러나 우리 주변 세계를 이해하려면 우리에게는…

철학자

페미니스트적 윤리란 어떤 것일까요?

사회학자

역사가

심지어 지리학자도 필요합니다.

36

또한 자연과학에서도 이론이 필요합니다.

사회과학에서와 마찬가지로 말입니다.

$$F_{B/A} = G \frac{M_A M_B}{d^2}$$

유색 인종인 여성은
종종 인종차별과 성차별이 합쳐진 교차적 경험을 합니다.
나는 그것을 **교차성**이라고 부릅니다.

킴벌리 크렌쇼
논문 《주변주 지도 그리기 (Mapping the Margins)》
저자

이러한 이론은 특히 외부에서 볼 때 복잡하지만
모든 연구의 기초이며, 운동가들이 전개하는 활동의 기초가 됩니다.

우리의 접근 방식은
좀 더
교차적이어야 해요.

무슨 뜻이죠?

흑인 여성으로 성차별을 당한
내 경험과 당신 경험은
달라요. 우리 메시지가
모든 사람에게 전달될 수 있도록
이런 부분을
고려할 필요가 있어요.

반지성주의와 전문가에 대한 회의주의는 최근 몇 년 동안 확고해졌습니다.
따라서 젠더 연구와 그를 통해 만들어진 개념들은 **불신**의 시선을 받고 있습니다.

2010년, 사이언스 포 대학에서
'젠더에 대한 연구 및
지식 교육 프로그램'을 만들었습니다.

일부 대학은 몇 년 전부터 젠더 연구를
석사 수준으로 전문화하고 있습니다.

이렇게 함으로써
젠더 이론이 필수적인 것처럼
되어버렸습니다.

이러한 교육 및 연구 프로그램을 통해
젠더 이론의 도입 가능성을
연구하는 데 중점을 두어야 합니다.

2012년 결의안에서 발췌(1장 참고)

비르지니 두비 뮐러

자비에 브르통

구성주의 개념은
양성 불평등에 대한 **숙명론**의 관점에서
벗어날 수 있게 했습니다.

젠더는 불변하거나 타고난 것이 아니라
주어진 사회의 역사, 문화, 이데올로기 속에서 뿌리내립니다.

겉으로 보기에
추상적인 이런 개념 뒤에
평등을 위한 투쟁 가능성이 있습니다.

그리고 우리가 당연하고 변하지 않을 거라고 생각했던
질서를 뒤엎을 가능성이 있습니다.

파스스

이러한 가능성은
페미니스트와 LGBT+의 해방 투쟁에서
다양한 형태로 발견됩니다.

이런 이유에서 가톨릭교회, 더욱 일반적으로 3대 일신교가
사회적 구성주의 개념에 관심을 갖는 것입니다.

바티칸은 남녀 차이와 남녀 관계에 관한 교리를
재확인하는 것으로 이에 대응했습니다.

변경해야 한다는 내부의 압력이 있는데도
이 교리는 신성한 창조의 질서로 이해되는
'자연'에 기반을 두고 있습니다.

교회는 여성이 인간으로서
우리 교회의 모든 사역에
포함될 수 있도록
해야 합니다.

[안 수파]
리옹 대주교 후보

구성주의는 오늘날
인문 사회 과학에서 핵심적인 개념입니다. 이를 통해서
많은 현상을 설명하는 것이 가능해졌습니다.

그러나 '자연'에 호소하는
주장의 명백한 **증거** 앞에서 구성주의 개념을 받아들이기가
종종 어렵습니다.

나는
여자라서
인형을 좋아해요.

과학적 견해는
상식에서 멀어져야 한다는 사실이
일반적으로 받아들여지고 있습니다.

이 상자는
비어 있어요.

비어 있는 것이
아니라 공기로
가득 차 있죠.

그러나 성별, 혹은 젠더나 인종처럼 생물학과 사회학이
뒤섞인 논란이, 논란이 되는 또 다른 주제와 관련될 때
더욱 복잡해 보입니다.

너는 인형을 좋아해.
왜냐하면 사회적 규범이
너에게…

우우우….

남자와 여자는 근본적으로 **다르며
본래 상호 보완적**입니다.
이것이 인류가 번식하는 방법이며,
우리가 조화롭게 사는 방법입니다.

남자와 여자에게 근본적으로 다른
특성을 부여하는 것은 상호 보완성의 이데올로기입니다.
이러한 차이점을 단지 본성으로만 설명하면
불평등을 감출 수 있습니다.

부부에 대한 개념뿐만 아니라, 여자와 남자에게 부과하는 자질들은
문화나 시대 흐름에 따라 다릅니다.

중국 모소족

우리에게 중요한 것은
모계 혈통입니다.

아이들을 돌보는 것은
엄마의 남자 형제들이죠.

남자와 여자는 원하는 만큼
섹스 파트너를 가질 수 있습니다.
우리는 결혼을 하지 않습니다.

본질주의자들은 성을 본성에 뿌리를 둔 본질이라고 주장합니다. 이 주장에서 벗어난 젠더 연구는

성의 탈본성화를 작동시킵니다.

이것은 성을 **생물학**뿐만 아니라
사회와 **문화** 속에 어떻게 뿌리내리고 있는지에 따라
이해하는 것입니다.

탈본성화는 종종 성, 따라서 개인의 **변질**로 이해됩니다.
이에 반대하는 사람들은 젠더 연구가
개인 정체성의 본질을 훼손한다고 주장합니다.

젠더 연구는

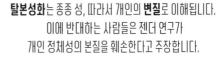

인체의 물질성

따라서 본성을 부정할 것입니다.

반젠더주의자들이 젠더 연구를 이해하는 방법은 다음과 같습니다.

젠더 이론은 **성 정체성**이 성별이 있는 육체와 같은
생물학적 현실과 무관한 사회 구성물일 뿐이라고 주장하는
철학적이고 사회학적인 입장입니다.

이것은 가장 복잡한
논쟁거리 중 하나입니다.

그 이유는 무엇일까요?

구성주의적 접근이
한목소리를 내는 척하는 것은
불가능하기 때문입니다.

블로그 정보 및 성별에 주의

젠더를 연구하는 방법, 젠더의 사회 구성화를
이해하는 방법에는 여러 가지가 있습니다.

우리는 1970년대처럼
젠더 연구를
하지 않습니다.

연구가들이 반드시
동의하는 것은 아닙니다.

우리의 접근 방식은
근본적으로 반박될 수
있습니다.

주디스 버틀러는 그녀의 유명한 에세이 《**젠더 트러블(Gender Trouble)**》에서
젠더를 수행(연극적 의미에서)이라고 설명합니다.

주디스 버틀러

우리는 우리가 속한 젠더를 나타내는 **몸짓**과 **태도**를
매일 반복합니다.

나는 젠더를
표현해.

나는 젠더를
연기해.

나는 사회가 정하는
역할을 수행하고 있어.

버틀러는
《**의미를 체현하는 육체
(Bodies that Matter)**》에서
이 이론을 계속
검증합니다.

트랜스젠더 이론가인 **줄리아 세라노**는 자신의 경험을 들어
수행이라는 개념을 비판합니다.

줄리아 세라노

〈트랜스 여성의 선언문 및
기타 텍스트〉, 2014

트랜스젠더가 되면서
그는 젠더가 무엇보다
외모로 먼저
인식된다는 사실을
알게 됐습니다.

어떤 식으로든
인식되기 위해
심지어 '젠더'를
연기하더라도 말입니다.

이분법적으로 남자 또는 여자
어디로 분류할지 결정하는 것은
신체적 특징입니다.

크리스틴 델피

크리스틴 델피는 다음과 같이 이런 생각을 비판합니다.

신체의 영역은
자연과 생물학의
영역이 될 것입니다.

젠더의 영역은
사회 과학 및 인문 과학의
영역이 될 것입니다.

《주적
(L'Ennmi principal)》,
2권, 1998

일반적으로 성은
젠더가 형성되는 기초로 간주됩니다.

델피와 다른 많은 사람에게
젠더는 우리가 성과 성적인 육체에 대해
생각할 때 이미 존재합니다.

우리는 성과 거의 관련이 없는, 우리의 가치관, 신념, 지식과
더 많이 관련된 의미와 가치를 육체에 부여합니다.

이러한 유형의 구성주의에서
현실은 사회적 필터를 통해서만
인식될 수 있습니다.

찌익

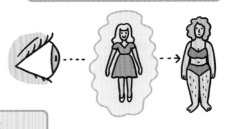

구성주의 개념이 젠더 연구의 핵심이라고 해서, 모든 사람이 동일한 방식으로
그 개념을 사용한다고 말할 수는 없습니다.

연속

생물학적 성이
가장 결정적이다.

모든 것은
만들어진다.

사용되는 이론적 배경에 따라 커서가 움직입니다.

젠더 연구에 대한 비판 역시 일반화해서는 안 됩니다. 어떤 사람들은 젠더 연구가 유용하다고 인정하지만,
그 연구가 학계를 넘어서 퍼지는 것을 반대합니다.

또 다른 사람은 생물학만이
성별의 차이에 대한 진실을 말할 수 있다고 생각합니다.

자연과학에는
이데올로기가
없습니다.

그러나 성에 대한 단 하나의 생물학적 입장은
존재하지 않습니다. 다른 모든 지식 분야와 마찬가지로
논쟁의 여지가 있습니다.

오늘날 우리가
'생물학적 성'에 대해 말한다면,
그것은 생식 기관을 가리키는 것입니다.

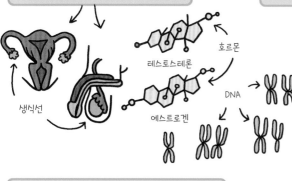

호르몬

테스토스테론

DNA

에스트로겐

생식선

고대부터 17세기까지 서구 과학은 생식기에만 관심이 있었습니다.
따라서 성은 축소되어 있었습니다.

여기 성이
있습니다!

역사적으로 성에 대한 정의는
항상 지배 이데올로기로 결정됐습니다.

여자는 태어날 때부터 약하고
결핍된 존재로 정죄받았습니다.
여자의 성은
불완전한 남자의 성입니다.

여자는 남자의
창조적인 씨를 받는
것입니다. 여자는
잉태하지 않습니다.

아리스토텔레스
기원전 4세기

17세기 이전에는 두 가지 다른 방식으로 나타난 하나의
형태만 있다고 믿었습니다.

우리가 관찰하는 두 성별은
반전의 결과입니다.
난소는 고환을 뒤집어놓은 것입니다.

이 그림은 그다지 문제가 없습니다.
인체가 부분적으로 표현되어 있지만, 20세기에 만들어진 것과 크게 다르지 않습니다.

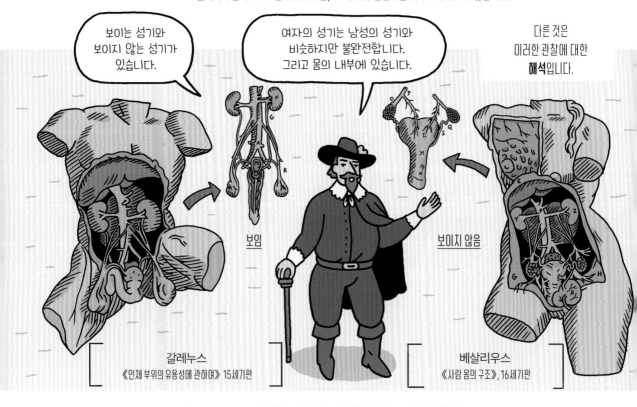

보이는 성기와
보이지 않는 성기가
있습니다.

여자의 성기는 남성의 성기와
비슷하지만 불완전합니다.
그리고 몸의 내부에 있습니다.

다른 것은
이러한 관찰에 대한
해석입니다.

보임

보이지 않음

갈레누스
《인체 부위의 유용성에 관하여》 15세기판

베살리우스
《사람 몸의 구조》, 16세기판

17세기와 18세기에 우리는 '하나의 성, 두 가지 형태'에서
근본적으로 다른 '여성적 본성'으로 생각이 바뀌었습니다.

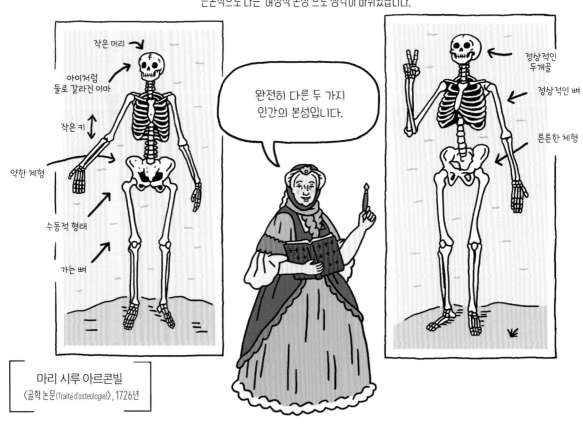

작은 머리

아이처럼
둘로 갈라진 이마

작은 키

약한 체형

수동적 형태

가는 뼈

완전히 다른 두 가지
인간의 본성입니다.

정상적인
두개골

정상적인 뼈

튼튼한 체형

마리 시루 아르콘빌
〈골학 논문(Traité d'osteologie)〉, 1726년

실험실에 들어가면서, 우리는 **바깥세상**도 함께 가지고 들어갑니다.

앤 파우스토 스털링
생물학 교수, 젠더 연구가

파우스토 스털링은 과학의 **'중립성'**에 대한 **환상**을 버리라고 말합니다.

그녀는 **이분법**적 개념에서 벗어나 성을 '남성'과 '여성' 사이의 스펙트럼으로 이해할 것을 제안합니다.

《모든 성의 육체(Corps en tous genres)》, 2012년

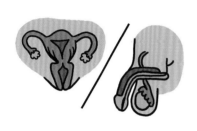

사람들 대부분 생식 기관이 양분돼 있다고 생각합니다.(3장 참고)

그러나 태도나 2차 성징과 관련된 성별 차이를 살펴보면, 상황은 훨씬 더 미묘합니다.

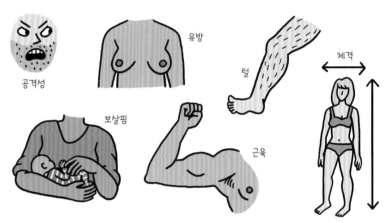

공격성

유방

보살핌

근육

털

체격

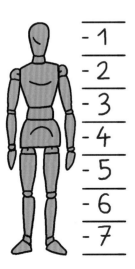

대다수 개인에게 적용되는 **표준**을 정의할 수 있다고 해도

- 1
- 2
- 3
- 4
- 5
- 6
- 7

하나 이상의 특성과 관련해 매우 **자연스러운 방식**으로 개인은 **표준에서 벗어날** 수도 있습니다.

예를 들어, 몇몇 사람들은 성별에 비해 색다른 음색을 가지고 있을 수 있습니다.

우리는 흔히 남자의 목소리가 **굵다**고 생각합니다.

아아아

65~260헤르츠

여자의 목소리는 **날카롭다**고 생각합니다.

아아아

100~525헤르츠

그러나 둘 사이에는 **회색 영역**이 있습니다. 이 영역에서 남자와 여자의 비슷한 목소리를 찾을 수 있습니다.

아아아

100~260헤르츠

음악에서 가수가 편하게 낼 수 있는 음역은 사람마다 각각 다릅니다.

고전적인 분류

베이스　　바리톤　　테너 — 남성

콘트랄토　　메조소프라노　　소프라노 — 여성

과거에 카스트라토라고 불린 거세 가수는 소프라노의 목소리를 유지하기 위해서 사춘기가 되기 전에 의도적으로 만들어졌습니다.

la la la
아! 천사의 목소리로군!

파리넬리

그러나 비정상적인 목소리를 내기 위해 그런 폭력을 이용할 필요는 없습니다.

아 그런가요?

일부 남자들은 가성으로 콘트랄토 또는 소프라노 레퍼토리를 부를 수 있습니다.

그런데 그 목소리도 좋은가요?

이 기법은 2세기 동안 무시됐다가 바로크와 중세 시대의 레퍼토리를 재발견하면서, 20세기 중반에 다시 나타났습니다.

라라라
알프레드 델러

라라라
파브리스 디 팔코

라라라
필립 자루스키

오, 꽤 아름답군.

아롱 아르놀
《젠더에 대한 비판적 백과사전》,
줄리에트 렌느 편집, 2017년

따라서 성별의 차이에 대해
유일한 과학 이론은
없습니다.

모든 다른 과학 분야와 마찬가지로,
다양한 이론과
반대 이론이 있습니다.

합의와 논쟁 또한 있습니다.
이것이 지식이 진화하는
방식입니다.

젠더 연구와 **생물학**을 대립시키는 것은
사실 **생물학**의 **몇몇 개념**을 이용하는 것일 뿐입니다.

생물학의 역할은
명백한 설명을 위해서
자연을 관찰하는 것입니다.

훨씬 더 **복합적인** 자연 그 자체를 희생시켜 가면서 말입니다.

암컷 반
수컷 반인
나비

자웅동체
달팽이

단위 생식에 의한
번식

알을 낳는
수컷

· 3장 ·
아이들은
건드리지 마시오

1989년 이래로,
남녀평등은 프랑스 학교의
주요 과제 중 하나였습니다.

2013년 나자트 발로 벨카셈은
성차별과 성 고정 관념을 없애려는 목적으로
'평등의 ABCD 프로젝트'를 시작하면서,
관련 교구를 교사들에게 전달했습니다.

평등의 ABCD

라이오넬 조스팽
1988년부터 1992년까지
프랑스 교육부 장관 역임

나자트 발로 벨카셈
2014년부터 2017년까지
프랑스 교육부 장관 역임

이 교육은 어떻게 이루어질까요?

체육 시간에
혼성 게임을 하세요.

고정 관념을 깨는
청소년 도서를
읽게 하세요.

여학생과 남학생의
크리스마스 선물 목록을 비교하세요.

동화 속이나 주위에서
남녀에 대한
다른 표현들을
찾아보세요.

놀이터에서
더 좋아하는 게임이 무엇인지
알아보세요.

이 프로젝트는 논란의 여지가 많았습니다.
파리다 벨굴은
'학교 안 가는 날(J.R.E) 운동을
조직했습니다.

J.R.E

한 달에 하루는
자녀들을 학교에
보내지 마세요.

우리는
젠더 이론에 대한
반대를 표현해야
합니다.

이 시도는 '젠더 이론'을 반대하는
또 다른 사람들로부터 지지를 받았습니다.

베아트리스 부르주

크리스틴 부탱

[2014년 2월 19일 기자간담회]

종종 근거 없는 소문을 바탕으로
여론이 선동되기도 합니다.

삐삐

누구야

문잔데
모르는 번호야.

우리 아이들 미래는
우리가
지켜야 한다?

학교에서 젠더 이론을
가르칠 거래.

무슨 이론?

아이들이 남자가 될지
여자가 될지 선택한다는…

그리고

어린이집에서부터 자위하는 모습을
보여 주면서 교육한다는군!!!

완전히 미쳤네!

교장
선생님께
전화해야겠어!

학부모들은 누가 보냈는지 알 수 없는 문자를 계속해서 여러 차례 받았습니다.

노르망디 한 학교의 교장
[〈르 몽드〉 2014년 1월]

학부모들은 SMS와 소셜 네트워크를 통해 문자를 받았습니다. 우선교육지역(Z.E.P.)과 이민자 공동체, 특히 이슬람교 여성이 대상이었습니다.

삐삐 삐삐 삐삐 삐삐 삐삐

파리다 벨굴과 달릴라 하산(Dalila Hassan, '학교 안 가는 날' 운동 책임자)은 유치원 교사를 성추행 혐의로 고소하는 영상을 배포했습니다.

JRE

유치원 교사가 아이에게 바지를 내리라고 했습니다.

이 사건은 매우 빠르게 퍼졌습니다.

교사가 젠더 이론을 실용화한 혐의로 기소됐습니다.

2018년, 달릴라 하산과 파리다 벨굴은 명예 훼손 및 그 공범으로 판결을 받았습니다.

벌금 8천 유로,

손해 배상금과 이자 1만 5천 유로

'모두를 위한 시위'는 **비기젠더(Vigigender)**라는 단체를 통해 평등의 ABCD 프로젝트에 대한 여론 조사를 시작했습니다.

소년/소녀의 차이가 당신에게는 불평등 혹은 불공정입니까?
☐ 네 ☐ 아니오

학부모와 상의 없이 그런 실험을 하는 것이 정상이라고 생각하십니까?
☐ 네 ☐ 아니오

민족주의 기독교 극우 단체, 이슬람 보수주의자와 '모두를 위한 시위' 사이에 동맹이 형성됐습니다.

모두 함께 젠더에 반대합시다!

정부는 결국 한발 물러나서, '평등의 ABCD 프로젝트'의 전면적인 확대를 포기했습니다.

이 조처는 웹사이트로 대체되었습니다!

Https://egalitefilles-garcons.fr

✕ 휴지통 비우기

영국 버밍엄에 있는 파크뷰 학교는 2019년에 'NO OUTSIDERS IN OUR SCHOOL' 프로그램에 학생(4세~11세)을 포함하기로 했습니다.

학생들은 일 년 중 닷새 동안 다양성, 포용성, 관용 및 평등에 관한 수업을 받습니다.

NO OUTSIDERS IN OUR SCHOOL

우리 학교에는 소외된 사람이 없습니다

ALL HERE are welcome

모든 사람이 이곳에서는 환영받습니다

동성애 혐오와 동성 커플의 삶에 관한 수업도 이루어졌습니다.

학생들에게 책을 읽게 했습니다. 순응하지 않는 개

JULIAN IS A MERMAID

인어로 변장한 소년

ODD DOG OUT

사랑에 빠져서 알을 입양하는 두 마리 수컷 펭귄 (실화를 바탕으로 함)

a tango makes three

학생 대부분이 이슬람 공동체 출신인 지역에서 이 프로그램은 매우 낮은 평가를 받았습니다.

세뇌가 아닌 교육

아이들을 아이들답게 내버려 두세요

이 학교 학생 중 98%가 무슬림인데, 아이들에게 게이가 되어도 괜찮다고 가르치고 있습니다.

우리는 LGBT를 배우라고 아이들을 학교에 보낸 것이 아닙니다. 수학, 과학, 영어를 배우라고 학교에 보냅니다.

NO OUTSIDER

파티마 샤, 학부모

[〈더 가디언(The Guardian)〉 2019년 1월 31일 자]

브래드포드
맨체스터
노팅엄
버밍엄
노샘프턴
브리스틀
일링
크로이던
켄트

영국 전역에서 무슬림이나 기독교도 학부모가 이 프로그램에 반대하는 항의 편지를 보냈습니다.

브라질에서는 지난 대선 기간에
극우 후보인 자이르 보우소나루가
정기적으로 '젠더 이데올로기'를 규탄했습니다.

내 경쟁 후보는 학교에
《내껀 왜 이런거야?》를
배포하고 있습니다.

이 책은 게이 키트(Gay
Kit)에 포함돼 있습니다.
그게 여러분이
우리 아이들에게 해
주고 싶은 것입니까?

《내껀 왜 이런거야?》*는 젭과 헬렌 브룰러가 그린 만화로,
9세에서 13세 아이들이
사랑과 성에 관해 질문하고 대답하는 형식입니다.

2011년 교육부는
'동성애 혐오가 없는 학교' 프로젝트에
자금을 지원했습니다.

이 만화는 프랑스에서도
논란을 일으켰습니다.

이건 공평하지
않아요!

이건
게이 키트가
아닙니다.

동성애 혐오에
반대하는 키트죠!

교회와 보수 단체에 비난받은 이 만화는
인쇄본으로 배포되지 않습니다.

보우소나루의 말과 달리
키트에 《내껀 왜 이런거야?》는 포함되지 않았습니다.

그건 거짓말이잖아.

당시 대통령 후보였던 그는
이 소문을 퍼뜨려서
선거 규제 기관으로부터 제재를 받았습니다.

그렇지만 그런 일이 있었음에도
그는 선거에서 승리해 브라질 대통령이 됐습니다.

* 원제는 Guide du zizi sexuel. zizi는 어린아이의 성기를 가르키는 구어.

프랑스, 브라질, 영국은 공통점이 많습니다.

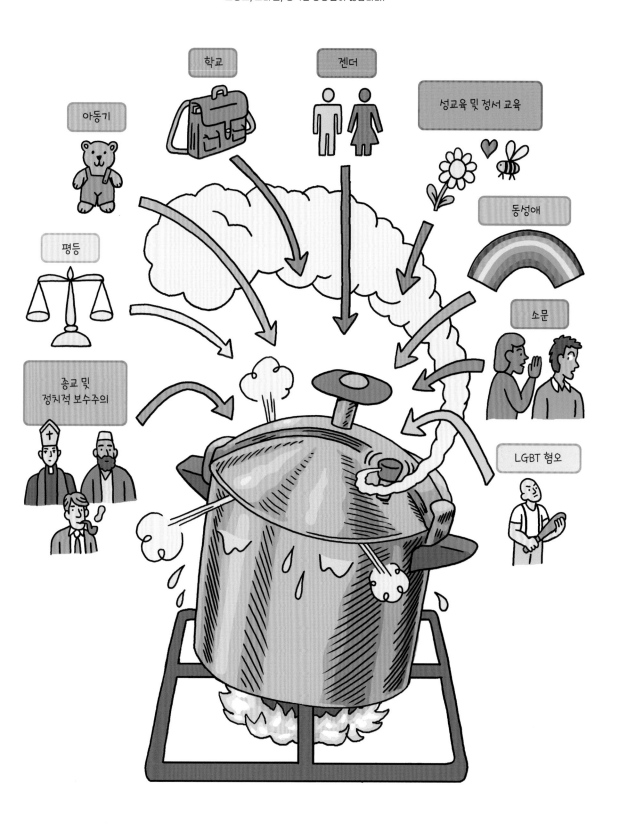

각 나라의 언어로 말한 '아이들은 건드리지 마시오'

학교에서의 성교육은 결코 당연하게 받아들여지지 않았습니다.
근본적으로 다른 이데올로기들이 이 주제를 놓고 충돌했습니다.

학교에서 **섹슈얼리티(sexuality)** 교육에 대한
문제가 계속 제기됐다면

2010년에 **다양한 성(sexualities)** 교육에 대한
반대가 더욱 강해졌습니다.

NOTE:

섹슈얼리티라는 단어는
단수형(sexuality)으로 사용할 수 있습니다.

복수형(sexualities)으로 사용할 때는 단순히 **동성애/이성애** 대립을
훨씬 뛰어넘는 성적 취향의 다양성을 나타냅니다.

반젠더 운동가들은
학교가 성교육 차원에서 성차별주의자 및
동성애 혐오자를 다룬다는 사실에 놀라워했습니다.

그것은 **젠더 이론**의
특징일 것입니다.

일부 국가에서는 성교육 프로그램이
LGBT계의 로비로 인한 것이라는 비난을 받고 있습니다.

성교육과 정서 교육은
성교육 단체나 성 소수자 협회의 로비스트들이
성 이데올로기와 성적 측면을 강조한 도구들을
학교에 강제로 도입하기 위한 수단입니다.

캐서린 고프리-포셋
영국의 활동가, 성교육 반대주의자

따라서 사회 보수주의는
새롭게 반대할 명분을 찾았습니다.

그들은 학교에서 다양한 섹슈얼리티뿐만 아니라
섹슈얼리티 자체를 이야기하는 것까지 반대했습니다.

학교의
섹슈얼리티 교육에
반대합니다!

학교의
동성애 교육에
반대합니다!!!

프랑스에서 섹슈얼리티 교육은 초등학교부터 고등학교까지
단계적으로 몇 가지 목표를 가지고 있습니다.

과학 지식을 제공한다

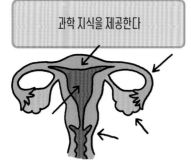

위험을 예방하는 교육을 한다

정보, 도움 및 지원 센터에 대한
정보를 제공한다

성폭력 피해 여성

0800 05 95 95
무료 통화/익명 보장
월-금 10~19시

학생에게 상호 존중과 차별에 대해
생각해 볼 기회를 제공한다

성교육은 **생물학적, 심리적, 사회적** 지식의 습득으로
이어져야 합니다.

초등학교 때부터 다른 사람을 존중하고
차이를 인정할 수 있도록
관련된 주제를 토론합니다.

고등학교에서는 성교육 시간이나 도덕 및 시민 교육 시간에
합의, 괴롭힘, 성차별 및 동성애 혐오를 다룹니다.

2013년에 한 보고서가 경각심을 불러일으켰습니다.

이 보고서는 전형적인 섹슈얼리티나 젠더에서 벗어나 있는 아동 및 청소년에 대한 폭력 문제를 다루고 있습니다.

학교와 주변 지역의 LGBT 혐오 폭력을 예방하려면 국가 차원의 교육을 훨씬 더 많이 해야 합니다.

〈학교에서의 LGBT 차별에 관한 테이첸 보고서〉

이 보고서는 성교육이 LGBT 혐오를 예방하는 데 제 역할을 하지 못하고 있음을 보여 주었습니다.

성교육은 종종 임신, 피임, 성병에 대해서만 다룹니다.

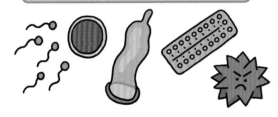

중재자의 교육 수준이 매우 다양합니다.

동성애는 종종 간과됩니다.

또는 의학적 관점에서 접근해 위험하고 비정상적인 성관계라는 생각을 강화시킵니다.

또 다른 연구에 따르면 LGBT 혐오는 학교에서 흔한 일이 됐습니다.

- 학교에서의 차별에 대한 DGESCO 2010 보고서
- 학교 동성애 혐오에 대한 SOS 동성애 혐오 2005-2006 조사
- LGBT 혐오 관찰: 2019년 현황
(재스민 로이 소피 데스마라이스 재단 연구 보고서)

언어 폭력

신체 폭력

왕따

누가 대상이 될까요?

청소년 LGBT	표준적인 젠더에 부합하지 않는 청소년	동성애 부모가 한 명 이상 있는 아동

LGBT 혐오는 다음과 같은 결과를 초래할 수 있습니다.

중퇴

소외

중독

자살

LGBT 혐오에는 성전환 혐오
(섹슈얼리티가 아니라 젠더와 관련)가 포함됩니다.

LGBT 깃발

트랜스젠더 깃발

그러나 현재로서는 교육 프로그램에
트랜스젠더의 정체성을 명시적으로 언급하지 않습니다.

교사의 재량에 따라
그것을 다루거나 다루지 않을 수 있습니다.

성교육에 대한 반대는
전 세계에서 찾아볼 수 있습니다.

이미 성교육을 제한하고 있는
가톨릭 전통 국가에서는 성교육 반대 운동이
특히 강하다는 것을 알 수 있습니다.

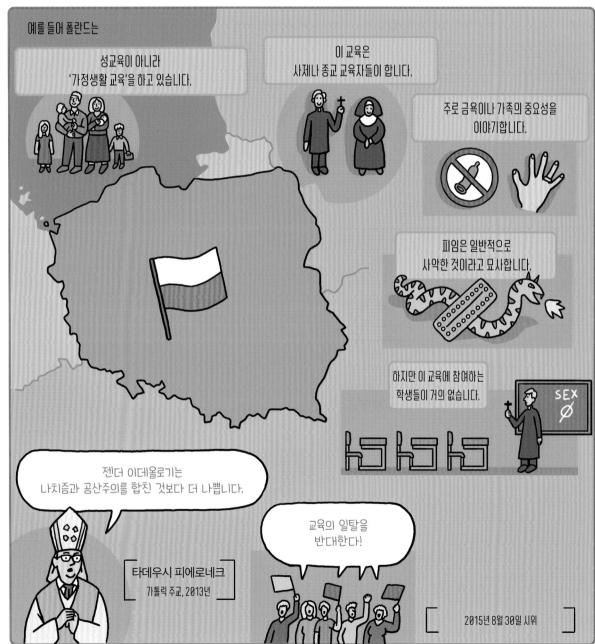

예를 들어 폴란드는

성교육이 아니라
'가정생활 교육'을 하고 있습니다.

이 교육은
사제나 종교 교육자들이 합니다.

주로 금욕이나 가족의 중요성을
이야기합니다.

피임은 일반적으로
사악한 것이라고 묘사합니다.

하지만 이 교육에 참여하는
학생들이 거의 없습니다.

SEX
∅

젠더 이데올로기는
나치즘과 공산주의를 합친 것보다 더 나쁩니다.

타데우시 피에로네크
가톨릭 주교, 2013년

교육의 일탈을
반대한다!

2015년 8월 30일 시위

62

이 나라에서는 현재 성교육을 범죄로 취급한다는 말이 있습니다.

섹슈얼리티를 다루는 교사는 최대 3년의 징역형에 처할 수 있습니다.

이 법안의 이름은 '소아성애 STOP'입니다.

학교에서 섹슈얼리티를 다루는 교사들은 LGBT 운동가

혹은 소아성애자로 취급당합니다.

동성애와 소아성애를 동일시하는 것은 동성애 혐오를 다루는 토론에서 자주 발생합니다.

브라질의 보우소나루는 '게이 키트'에 대한 인터뷰 후에 이렇게 덧붙였습니다.

그 문은 소아성애에도 열립니다.

이런 이유로 또한 '호모'를 비난합니다.

이러한 비난은 고대 그리스에 존재했던 남자와 사춘기 소년의 관계를 바탕으로 하는 관습인 페데라스티(pederasty)와 관련 있습니다.

'페데라스티'라는 단어는 19세기 말 동성애라는 단어가 등장하기 전까지 남성 간의 성적인 혹은 감정적인 관계를 지칭하는 데 사용됐습니다.

모든 부모가 두려워하는 소아성애는
어린이 어린이에게 막대한 힘을 비뚤게 행사하는
극악무도한 일탈입니다.

많은 사람이 이런 이유로 성교육을 두려워하기도 합니다.
어린이에게 섹슈얼리티를 언급하는 것조차
위험하고 의심스럽게 보일 수 있기 때문입니다.

폴란드 법안과 마찬가지로,
이것은 성교육을 담당하는
성인의 의도를 믿지 못하기 때문입니다.

〈르 피가로〉 2014년 5월 29일 자

2017년

브라질에서 주디스 버틀러를
소아성애자라고 비난하는 플래카드를 들고
행진하는 일이 있었습니다.

이러한 터무니없는 비난은
젠더 철학자인 주디스 버틀러가 레즈비언이라는 사실에서 비롯된 것입니다.

전반적으로 이러한 두려움에는 근거가 없습니다. 하지만 젠더 역사에서 있었던 한 사건이 반젠더 운동과 관련된 최악의 의심을 확신시켜 주었습니다.

'미치광이 과학자' 존 머니 사건은 젠더 반대자에게 유리하게 작용했습니다. [L'OBS et **Rue89**]

젠더 연구 창시자에 관한 모든 진실

소아성애자 존 머니와 '젠더 연구'의 연관성은 더 이상 입증되지 않는다(…) [페이스북 그룹]

젠더 이론 전문가의 비극적 실험

'젠더 이론'의 아버지인 존 머니는 쌍둥이를 대상으로 실험했습니다.

Le Point

존 머니(John Money, 1921~2006)는 **심리학자**이자 **성 전문가**로 그의 전문 분야는 인터섹스*입니다.

존 머니는 누구인가 ?

♡ Victoria
MASTER PSYCHOLOGY EDUCATION

HARVARD UNIVERSITY PHD

*오늘날 남성적 혹은 여성적 신체의 일반적인 정의에서 벗어난 성적 특징을 보이는 사람을 인터섹스(intersex)라고 합니다.

 인터섹스 깃발

존 머니는 심리적 차원에서 이해되는 **성 정체성**을 지칭하려고 문법에서 사용하는 용어를 빌려 **젠더(gender)**라는 단어를 처음으로 사용했습니다.

존 머니에 의하면, 성과 젠더는 일반적으로 연결되어 있습니다.

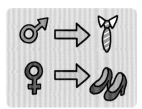

하지만 성별이 모호한 사람들의 경우

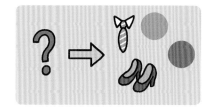

수술이 필요합니다.

존 머니는 육체를 규범에 맞추기 위해서 육체를 교정할 필요가 있다고 주장했습니다.

그는 세 가지 측면에서 개입해야 한다고 제안했습니다.

육체적 측면(성별)

심리적 측면
(그가 젠더 정체성이라고 부르는 것)

사회적 측면
(개인이 사회에서 인식되는 방식)

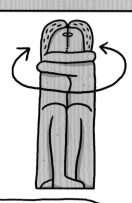

존 머니는 젠더가 아주 어린 시기에는 유연하다고 주장했습니다.

따라서 어린아이 때는 성별뿐만 아니라 젠더를 바꿀 수 있다고 생각했습니다.

1967년, 라이머 가족은 존 머니를 만나러 왔습니다.

감염 문제 때문에 쌍둥이에게 포경수술을 해 줬어요. 그런데 불행히도 브루스는 수술 결과가 좋지 않아서 음경이 손상됐지요.

우리는 아들에게 평범한 삶을 주고 싶어요. 그러다가 텔레비전에서 당신의 광고를 보았답니다.

이 아이의 성기는 고칠 수 없으며, 따라서 이 아이는 남자가 될 수 없습니다.

차라리 페니스를 제거하는 수술을 하고 여성 호르몬을 투여하는 것이 어떨까요?

그러면 아이의 성이 변할 것이고 그의 젠더 정체성은 그 성을 따라갈 겁니다. 브루스를 여자아이로 키우는 것이죠.

존 머니는 성 정체성,
즉 자신이 생각하는 젠더는
유아기에 고정되어 있지 않다고 믿었습니다.
하지만 그는 틀렸습니다.

축하합니다.
브렌다를 소개합니다!

머니는 이 방법을 모든 면에서
성공적인 것으로 소개했고,
이 사례를 자신의 이론을 뒷받침하는
근거로 삼았습니다.

존과
조안의
경우

'브렌다'와 그녀의 쌍둥이 남동생은
이 수술을 모른 채 성장했습니다.

그런데 '브렌다'는 우울증에 시달리고,
머니가 계속 방문하면
자살하겠다고 위협했습니다.

부모는 마침내 브렌다에게
수술에 대한 진실을
말해 주었습니다.

14세에 그는
소년으로서의 정체성을
되찾기로 했습니다.

브루스도 잊고
브렌다도 잊고,
나를 데이비드라고
불러 주세요.

데이비드는 남자의 몸을 되찾기 위해
여러 번의 수술을 받아야 했습니다.

두 번의
유방 절제술

남근 성형술

테스토스테론 주사

데이비드는 1990년에
세 자녀를 둔 여자와
결혼했습니다.

1997년에 그는 한 기자에게
이 사실을 털어놓았고,
기자는 이 사실을 책으로 공개했습니다.

브루스, 브렌다와 데이비드

John Colapinto
BRUCE, BRENDA
et DAVID
l'histoire du garçon
que l'on transforma
en fille

그리고 또한 이런 사실을 털어놓았습니다.

내게 새로운 정체성을
'가르치려고' 머니는 내게
형 브라이언과
유사 성행위를 하도록
강요했습니다.

브라이언은 2002년
항우울제 과다 복용으로 사망했습니다.
2004년에 데이비드는 실직했고,
그의 아내도 그를 떠났습니다.

그는 결국
38세의 나이로
자살했습니다.

데이비드
라이머
1965-2004

그렇다면 젠더 개념을 창안한 사람은 소아성애자였던 건가요?

존 머니는 심리학에서 이 단어를 처음으로 사용했습니다.

젠더

하지만 더는 누구도 젠더를 그와 같은 방식으로 인식하지 않습니다.

부우욱-!

젠 더

1970년대에 페미니스트 이론가들은 심리학에서 개념을 빌려 사회학에 적용했습니다.

젠더

심리학 → 사회학

[앤 오클리]

존 머니는 정상에서 벗어난 사람들의 몸과 행동에 관심이 있었습니다.

그러나 그의 목적은 그것을 고쳐서 평범하게 만드는 것이었습니다.

불평등과 권력 관계에 그는 전혀 관심이 없었습니다.

페미니스트 사회학자와 달리 그의 주요 관심사는 이것이었습니다.

젠더는 사회적이며, 우리는 젠더를 바꾸기 위해서 움직일 수 있습니다.

오늘날 평등에 대한 이상은 젠더 연구의 핵심입니다.

끔찍한 실험을 했던 존 머니가 추구했던 한 가지는 바로 이것이었습니다.

표준화

아이의 성기를 고칠 수 없으므로 아이는 남자가 될 수 없습니다.

그는 본성이라는 명목 혹은 다른 아이디어 때문이었는지 이렇게 생각했습니다.

음경이 없으니까 여자로 만들어야 합니다.

그런데 젠더 연구는 여전히 존 머니의 이론에 바탕을 두고 있나요?

아니요, 주디스 버틀러는 그녀의 책에서 존 머니의 이론을 파헤쳤습니다.

젠더 허물기
주디스 버틀러

[2016]

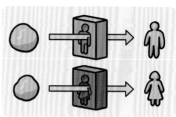

존 머니의 목표는 신체와 행동의 표준화입니다.

반면에 젠더 연구는 이 '표준'이 얼마나 문제가 되는지 보여 줍니다.

머니의 개념은 젠더 연구에 기반한 평등 교육 프로그램과 서로 부딪힙니다.

ABCD de l'égalité
escola SEM HOMOFOBIA
NO OUTSIDERS

젠더 연구의 목표는 평등을 확대하고 차이를 수용하고자 표준에 의문을 제기하는 것입니다.

하지만 대답해 주세요. 그런 끔찍한 실험은 더 이상 진행되지 않죠?

젠더 연구는 머니의 이론을 배척했지만, 의학에서는 몇몇 흔적을 찾아볼 수 있습니다.

의사는 성별이 모호한 아동에 대해 일상적으로 수술을 진행하고 있습니다.

외음부? 음경? 서서 오줌을 눠야 하나 아니면, 앉아서?

축하합니다. 지금은 딸입니다.

이러한 수술이 행해지고 있습니다.

아이의 행복을 위해서 말입니다.

인터섹스 집단은 어떻게 반응합니까?

문제는 내 몸이 아니라 수술입니다!

인터섹스
인터섹스 아동의 생식기 제거에
반대합니다

나의 몸, 나의 정체성

머니가 수십 년 전에
젠더를 다루었던 방식

그것은 어떤 면에서는
오늘날 반젠더 운동가들의 주장에 가깝습니다.

성별과 젠더는 본성적으로
일치합니다.

때때로 본성은
도움의 손길이
필요합니다.

외음부를 가지고 태어났다면
당신은 여성입니다.

음경을 가지고 태어났다면
당신은 남자입니다.

결정적인
것은 바로
그것입니다.

그러나 그의 유산은 성교육 및 평등 교육과 관련된 논쟁에
계속 독을 뿌리고 있습니다.

존 머니 사건은
의심과 공포를 불러일으키는 데
이용되고 있으며

젠더 이론
=
소아성애

긴박감을 조성해서
행동하게 만듭니다.

학교에서
젠더 이론 교육을
중단하라!

이 모든 것은
아이들을 보호한다는 명목으로
이루어지고 있습니다.

우리 아이들을
건드리지 마시오

그러나 반젠더 운동가들은

정말로 위험에 처해 있으며

LGBT+청소년들의
자해 및 자살 시도는
4배 더
많습니다.

2018년 〈랜싯〉에 게재된 연구

같은 지붕 아래에서
살고 있을지도 모르는 어린이와 청소년을
간과하고 있습니다.

· 4장 ·
평등에 한계가 있을까요?

18세기부터 현대 민주주의의 등장은 모든 형태의 평등에 대한 투쟁과 함께 진행됐습니다.
미국은 독립하면서부터 평등을 선언했습니다. 하지만 누구를 위한 평등일까요?

우리는 다음과 같은 것을 자명한 진리라고 생각한다. 즉 모든 사람은 평등하게 태어났으며…

〈미국 독립 선언문〉, 1776년 7월 4일

창조주는 몇 개의 양도할 수 없는 권리를 부여했으며, 그 권리에는 생명과 자유와 행복의 추구가 있다.

잘 들었습니다, 제퍼슨 씨.

미국의 노예에게 당신들의 7월 4일은 무슨 의미가 있을까요? 내 대답은 이렇습니다.

일 년 중 그 어떤 날보다 노골적인 불공정과 잔혹함에 노예가 끊임없이 희생되고 있음을 보여 주는 날이었습니다.

프레데릭 더글라스
과거 노예였던 미국인, 1852년

1865년 미국에서 노예제가 완전히 폐지됐지만, 원칙적으로 진정한 평등이 자리 잡기까지는 더 오랜 시간이 필요했습니다.

현대의 모든 민주주의는 이러한 식의 모순을 안고 있습니다.

인간은 태어날 때부터 자유롭고 평등한 권리를 가집니다.

〈프랑스 인권 선언문〉, 1789년

'인간'에 여자도 포함되는 건가요? 좀 의심스럽네요.

이로부터 156년이 더 지난 후 프랑스 여성은 마침내 투표권을 갖게 됐습니다.

투표하세요.

그렇게 이른 건 아니네요!

서구 민주주의 국가들은
종종 평등이 꾸준히 발전하고 있음을 축하합니다.
역사는 더 많은 평등을 향해 나아갈 것입니다.

노예제 폐지를
기념하는 비
가이아나, 2008년

하지만 민주주의 국가는
좌절과 후퇴를 겪고 있습니다.

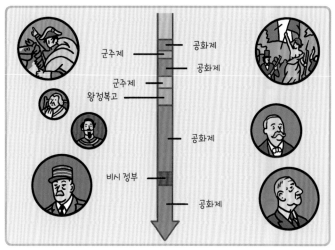

군주제 ——— 공화제
——— 공화제
군주제 ———
왕정복고 ———
——— 공화제
비시 정부 ———
——— 공화제

원칙적으로 아무도 불평등을 옹호하지 않습니다.
그러나 많은 사람이
평등을 이룰 수 없는 이상이라고 생각합니다.

부자와 가난한 자가
있기 마련이고, 그것이
세상이 돌아가는
방식입니다.

변하지 않는 주제는?
늘 똑같습니다.

경찰 폭력과 인종차별적 폭력에
맞서 싸웁시다

흑인의 생명도
소중하다

아다마(ADAMA)를 위한
진실과 정의

MY BODY,
MY CHOICE!

"내 몸은 내가 선택한다!"
아일랜드의 낙태권 운동

트랜스젠더와 인터섹스의
권리를 위한 투쟁

트랜스젠더 및 인터섹스를 위한
- 법적 성별과 권리 -

젠더 및 섹슈얼리티와 관련해
수많은 사람이 여전히 대중과 관련 없는
개인적인 문제라고 생각합니다.

그러나 유명한 페미니스트 슬로건이 말하듯이 …

이 사람들은 평등의 문이 유독 젠더와 섹슈얼리티 문제 앞에서
닫히는 것을 지지합니다. 이 문제는 다른 규칙이 우선하는
'사생활'의 영역이라고 말하면서 말입니다.

나는 국가가
우리 커플 문제에 간섭하는
것을 원하지 않아요.

나는 당신이 누구와 자는지
알고 싶지 않습니다. 그것은
당신 문제이지, 시위하거나
무언가를 요구할 이유가
아니죠.

개인적인 것이 정치적인 것이다.

[캐럴 허니쉬]

우리의 사생활은
정치적인 것!

우리의 섹슈얼리티는 정치적인 것!

우리의 섹슈얼리티를 이유로
우리는 언어적 또는
신체적 공격을 받고
차별을 받고 있습니다.
그러므로 이것은
정치적인 것입니다.

PRIDE

성의 민주화 문제입니다.
젠더 및 섹슈얼리티 문제도
평등 원칙의 적용을 받습니다.

[에릭 파상]
사회학자

바로 이것이 현대 민주주의에서 다루어야 할 주요 문제입니다.

젠더와 섹슈얼리티의 정치적 성격을 인정하고
평등을 보장하는 '성 평등 민주주의'로 나아가야 할까요?

아니면 젠더와 섹슈얼리티의
예외적 성격을 강조해 애초에 민주주의의 영역에서
배제해야 할까요?

'성 평등 민주주의'가 진행됨에 따라, 페미니스트와 LGBT+의 평등 투쟁에 대한 반대를
정당화하기가 점점 더 어려워지고 있습니다.

당신이 동성애 혐오자이고 평등권에 반대한다고 비난하는 사람들에게 무슨 말을 하시겠습니까?

우리는 국가 원칙에 반대하지 않습니다. 그 반대죠! 우리는 프랑스 사람이 국민 투표에서 자신의 의견을 표현할 수 있기를 요구합니다. 설사 정부가 급진적이고 너무 급격한 사회 변화를 강요하려고 하더라도 말이에요.

모두를 위한 시위

이것이 프랑스에서 '모두를 위한 시위'가 **친민주주의자**, 심지어 **공화국법**의 **수호자**임을 자처하는 이유입니다.

민법의 수호자

2013년 1월 13일 시위

우리는 결혼이란 남자와 여자 사이에 이루어진다고 분명하게 명시한 민법을 지키고자 합니다.

국민 투표를 거치지 않는 것은 민주주의를 부정하는 것입니다. 우리는 침묵하는 다수입니다!

똑같은 논리를 뒤집어서
젠더, 또는 젠더 이론은 반공화주의라는 비난을 받습니다.

젠더 이론을
은밀하게 강요해서는 안 됩니다.

이 이론이 우리나라 전역에 어느 정도까지
퍼져 있는지 살펴보아야 합니다.

우리나라에서 젠더 이론을 확산시킬 수 있는 매개체를
정확히 파악하고, 그것이 국가 전체에 미치는
영향을 평가해야 합니다.

자비에 브르통

비르지니 두비 뮐러

2012년 결의안에서
발췌한 내용
(1장 참조)

따라서 우리는 프랑스인에게 **위협**이 될지도 모르는 **가면**을 쓴
이 새로운 **'이데올로기'**를 경계해야 합니다.

'성'이라는 단어 대신
'젠더'라는 표현을 사용하는 이면에는
인간이 두 개의 성, 즉 두 개의
뚜렷한 성 정체성으로 나누어진다는 생각을
없애려는 **이데올로기**가
감춰져 있습니다.

'성'이라는 단어 대신
'젠더'라는 표현을 사용하는 이면에는
인간이 두 개의 성, 즉 두 개의
뚜렷한 성 정체성으로 나누어진다는 생각을
없애려는 이데올로기가
감춰져 있습니다.

1장에서 소개한
유명한 **사전**에서
발췌한 내용

가족, 생활,
윤리적
문제에 관한
모호한 용어와
논쟁의 **사전**

그리고 수많은
사람이 그대로
인용했습니다.

대중운동연합의 국회의원
장 마크 네스메는
2011년에 젠더를 파생된 종파라고 비난했습니다.

대중운동연합의 툴루즈 시장 후보
장 뤽 무당크는
'나는 젠더 이론에 반대합니다'라는 내용의 칼럼을 썼습니다.

젠더 이론에 대한 반대는 때로 **음모 이론**과 비슷합니다.
음모 이론의 원칙은 공동의 적이 드러난 사건에 대해
책임이 있다고 비난하기 위해서
은밀하게 움직이는 것입니다.

조심해!

젠더 이론…

그들은 우리에게 모든 것을 감추고 있어!

2014년, 프랑스

의장님 (le president)은

의장님(la presidente)이라고 불러 주세요.

젠더 이론이야…

국회에서 줄리앙 오베르 (대중운동연합)에게 발언하는 산드린 마제티에

2017년, 프랑스

우리는 '남성이 여성을 이긴다'라는 관행을 뛰어넘을 방법을 찾아야 합니다.

젠더 이론이야…

2020년, 폴란드

여성에 대한 폭력 예방 및 투쟁

젠더 이론이야…

음모 이론을 고수하려는 사람들은 반드시 존재하지 않을 수도 있는
의도와 입장을 확인하려는 경향이 있습니다.

젠더 이론은 극도로 반체제적입니다. 이 이론은 가족을 해체하는 것을 목표로 합니다.

젠더 이론은 우리 사회의 최약자를 공격하는 죽음의 이데올로기입니다.

젠더 이론

베아트리스 부르주, 2013년

베아트리스 부르주, 2014년

보수 성향의
온라인 청원 사이트
시티즌고(CitizenGo)의
버스 광고

누가 젠더 이론을 만들었고,
젠더 이론은 누구에게 도움이 될까요?

가면을 쓴
작은
집단이…

게이 로비는
결혼 제도와 가족 제도를 파괴하기로
작정했습니다.

2014년,
'모두를 위한 시위' 트윗

이러한 맥락에서 평등을 주장하거나 동성애를 혐오하는 누군가를 비난한다면 반드시 의심을 받게 됩니다.
따라서 사용하는 단어의 숨겨진 의미를 밝혀야 합니다.

'모두를 위한 시위'가 나온 비기젠더 웹사이트는 이러한 단어의 번역을 제공합니다.

남녀평등

소년 소녀 사이의 구분 금지

동성애 혐오에 대한 투쟁

동성애 홍보

늑대는 자신을 양으로 위장할 수 있습니다.
'젠더 이론'은 평등을 추구하지만, 사실은 불신을…

그렇다면 평등권은
'성의 상호 보완성'이라는 이데올로기와
양립할 수 없는 것일까요?

성의 상호 보완성을 주장하려면
유사성보다는 차이점을 우선시할 필요가 있습니다.

우리를 하나로 이어 주는 것보다
우리를 갈라놓는 것에 대해서 말하는 이유는 무엇일까요?

늘 우리에 대해서만 이야기해!

그리고 우리 얘기는 전혀 하지 않지!

닮음보다 차이를 선호하는 이 이데올로기는
하나의 슬로건으로 요약할 수 있습니다.

우리가 차이 안의 평등을 주장한다면,
그것은 차이를 보존해야 할 자질로서
제일 앞에 내세우는 것입니다.

이 슬로건은 더 오래된
다른 맥락의 슬로건을 떠오르게 합니다.

여성에 대한
폭력 예방 및
투쟁

'분리 평등(Separate but equal)'은 미국에서
인종 분리 정책을 정당화하기 위해 사용된 주장입니다.

백인

유색인

이 예에서 **'평등'**은 무엇을 의미할까요?
그것은 '존엄에 있어서의 평등'일 것입니다.
우리의 특징은 근본적으로 다르지만,
모두 존중받아야 합니다.

매우 구체적인 상황에서도 말입니다.

체외 수정을 원하십니까? 그런데 남편은
어디에 있습니까?

저는 독신이에요.

그러면 사회 보장 제도의
환급을 받을 수 없다는 점을
알아두세요.

평등 하지만 다른

조건부 평등

하지만 평등권에 대해서 어떻게 생각하십니까?

존엄성에 대한 가톨릭의 개념은

외재적입니다.

하느님이 그의 형상대로 사람을 창조하셨기 때문에 우리는 존엄합니다.

존엄성에 대한 법적 개념은

내재적입니다.

우리는 하느님과의 관계와 상관없이 존엄합니다.

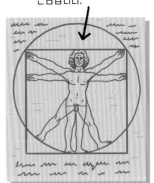

이러한 구분을 이해해야 반젠더주의자가 평등권을 반대하는 이유를 이해할 수 있습니다.

평등과 차이 ♀ ♂
학교에서 젠더 이데올로기를 **멈추시오**

존엄성에 있어서 평등…

그러나 다른 모든 것에 대해서 반드시 그런 것은 아닙니다.

이와 같은 이유로 동성애 혐오증에 대한 두 가지 정의를 찾아볼 수 있습니다.

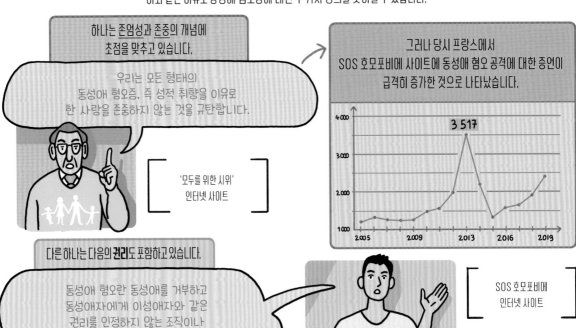

하나는 존엄성과 존중의 개념에 초점을 맞추고 있습니다.

우리는 모든 형태의 동성애 혐오증, 즉 성적 취향을 이유로 한 사람을 존중하지 않는 것을 규탄합니다.

'모두를 위한 시위' 인터넷 사이트

그러나 당시 프랑스에서 SOS 호모포비에 사이트에 동성애 혐오 공격에 대한 증언이 급격히 증가한 것으로 나타났습니다.

3 517

다른 하나는 다음의 **권리**도 포함하고 있습니다.

동성애 혐오란 동성애를 거부하고 동성애자에게 이성애자와 같은 권리를 인정하지 않는 조직이나 개인을 말합니다.

SOS 호모포비에 인터넷 사이트

불과 40년 만에 서구 민주주의 사회는 놀라운 반전을 경험했습니다.

사회적 비난은 동성애자에서 동성애 혐오자로 옮겨졌습니다.

적어도 이론상으로는...

그러므로 동성애 혐오자로 보이지 않는 것이 중요합니다.

나는 게이이자 '모두를 위한 시위'의 대변인입니다. 그런데도 여러분은 우리를 동성애 혐오자라고 비난할 수 있겠습니까?

자비에 봉기뷸

2013년에 '모두를 위한 시위'는 동성애 혐오 단체라는 비난에 대응하려고 새로운 단어를 만들었습니다.

이 단어는 다른 국가에서도 사용됩니다.

당신이 동성애 혐오자이고 평등권에 반대한다고 비난하는 사람들에게 어떻게 답변하시겠습니까?

'모두를 위한 시위'는 무엇보다 저소득 가정에 가장 영향을 미치는 정부의 가족 혐오증을 규탄합니다.

이러한 '가족 혐오증'이 존재한다면, 그것은 이성애자에게만 해당합니다.

왜냐하면 **동성 부모 가족**은 이 운동가들에게 가족으로 인정되지 않기 때문입니다.

[스페인]

유일한 진짜 가족은 '생물학적' 가족일 것입니다.

입양을 통해 부모가 될까요?
인공 수정? 대리모?

부모가 되는 것은 이성애 커플에게만 합법입니다.
그 밖의 경우에는

어른의 이기적인 욕망이
아이의 필요를 앞서서는
안 됩니다.

LGBT에 대한 특권은
국가의 우선순위가
아닙니다.

PRIVILEGi LGBT
NON SONO
EMERGENZA
PAESE

[이탈리아]

한편으로

왜 동성 커플은 부모가 될 권리를
가질 수 없습니까?

다른 한편으로

그런 개인적인 열망은
우리의 관습을 뒤엎고 싶어 합니다.

우리는 점점
자연의 질서에서 단절되고
개인주의 사회로
나아가고 있습니다.

우리의 한계를 잊고 모든 경계, 즉 문화와 문화 사이,
사랑과 동물 사이, 사람과 기계 사이, 남자와 여자 사이의
모든 경계를 지우려고
노력했습니다.

고티에 베, 마리안느 뒤라노, 악셀 노가르드 록밤
《우리의 한계(Nos Limites)》, 2014년

게다가 **'우리의 한계'**를 잘 이해하면, 그것은 정말로 한계가 되지 않을 것입니다.

반젠더주의자에 따르면 LGBT+ 사람들은 존엄성에 있어서 이성애자와 평등하다고 간주되고 이미 결혼할 권리가 있습니다.

우리는 자유주의 사회에서 일탈하는 것들을 조심해야 할 필요가 있습니다.

남녀 극우파 정치인들은 반젠더 논쟁을 포퓰리즘 및 반자유주의 담론에 통합시키고 있습니다.

그 결과 젠더 및 성차별과 관련된 평등, 자유 및 권리가 줄어들고 있습니다.

헝가리에서는 2018년부터 젠더 연구에 더 이상 자금을 지원하지도, 인정하지도 않습니다.

2020년부터 헝가리에서는 트랜스젠더를 더 이상 법으로 인정하지 않습니다.

폴란드 도시들은 선언하고 있습니다.

미국에서 트랜스젠더는 더 이상 의료 시스템의 차별로부터 보호받지 못합니다.

반젠더 운동은
극단적인 우익 포퓰리즘에 해당하지 않습니다.

반젠더 담론 ≠ 우익 포퓰리즘

하지만 반젠더주의자와 극우 정당은
서로 영향을 미칩니다.

반젠더 담론 ↔ 우익 포퓰리즘

우리가 반젠더 운동이라고 부르는 것을
고수하는 이유는 무엇일까요?

그것은 새로운 형태의 성 평등 민주주의와
대립하기 때문입니다.

성 평등 민주주의는 주요 미디어를 통해 잘 알려져 있습니다.

그들의 주장은 오래됐기 때문입니다.

강한 성   약한 성

그러나 새로운 적의 출현으로
그들은 다시 주목을 받고 있습니다.

젠더
이론

10년 동안 세계적으로
극우 세력이 부상했습니다.

그리고 민주적 평등을
차단하거나 퇴보시켰습니다.

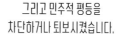

이것은 젠더 개념이 해롭지 않으며
두려워할 필요가 없다는 것을 의미합니까?

아뇨.

이 개념은 정확히 우리 사회의 통념을
깨뜨리는 역할을 합니다.

이 개념은 개인 간의 관계와 위계에 대해 생각하는
또 다른 방식을 제시합니다.

'남녀 관계'라는 용어를
대체하려는 것은 아닙니다.

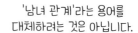

단지 이념, 쇄신, 반란의 선동자가
되고자 하는 것입니다.

젠더 연구는 우리가 존엄성과 권리에 있어서
진정한 평등이 어떤 형태로 실현될 수 있을지를
상상하는 데 도움을 줍니다.

이제부터 젠더를 다룬 이 만화의 후기입니다!

안녕하세요 여러분! 저는 일러스트레이터이자 만화가인 로리에 더 폭스입니다. 안느 샤를로트와 토마스는 젠더와 관련된 주제 중 하나인 트랜스아이덴티티에 대해 좀 더 깊이 알아볼 후기를 쓰자고 제안했습니다.

사실 저는 트랜스젠더입니다. 이제부터 이 방대한 주제를 간략하게 요약하려고 해요!

우리는 트랜스젠더와 인터섹스 투쟁의 간략한 역사를 함께 다룬 후 패싱(passing)* 개념에 초점을 맞추겠습니다!

* 어떤 사람이 원래 자신의 소속과 다른 사회 집단의 구성원인 양 행동하는 일. 트랜스젠더의 패싱은 반대 성별의 시스젠더인 것처럼 외모를 가꾸고 행동해 이전 성별을 숨기면서 남들이 시스젠더처럼 느끼게 하는 것을 말한다.

인터섹스 투쟁의 스토리보드와 그들의 작업으로 도움을 주신 Collectif Intersex et Allié-e-s에 감사드립니다. 교정을 위해 수고한 록산, 이 작업을 지지한 나의 사랑하는 사람과 친구들에게 감사를 전합니다.

젠더에 대한 이야기를 하자면 가장 눈에 띄지 않는 사람들, 즉 인터섹스(65쪽)와 트랜스젠더에 대해 다룰 필요가 있습니다.

레버른 콕스   캘시 퐁   샘 부르시에

트랜스젠더는 시스젠더*와 달리 타고난 성과 성 정체성이 일치하지 않는 사람입니다.

* cisgender, 타고난 생물학적 성과 젠더 정체성이 일치하는 사람
** 대뇌의 전두엽백질을 잘라서 시상과의 연락을 단절시키는 수술 방법

간략하게 요약한 현대 트랜스젠더의 역사와 투쟁

1933 1945

트랜스젠더 연구소 파괴

추방, 대량 학살

성전환 치료- 정신 경련 치료, 인슐린 혼수 요법, 로보토미**

1946

크리스틴 조겐슨

1952

최초의 트랜스 여성인 크리스틴 조겐슨은 커밍아웃하고 자기 외모를 이용해 트랜스젠더를 알리고자 했습니다.

그렇지만 여장을 하는 것은 여전히 불법이었으며, 유색 인종 트랜스 여성은 경찰에 반복해서 체포되고 구타당했습니다.

GAY LiBERATION 1970
첫 번째 폭동 기념 퍼레이드

실비아 리베라
마샤 존슨

1970
트랜스 여성은 여성 노동자 트랜스 젠더를 위한 조직인 'Street Transvestite Action Revolutionaries'을 조직했습니다.

1969 스톤월 인
STONE WALL INN

흑인과 라틴계 트랜스 여성들의 폭동. 경찰 폭력에 대항하는 퀴어와 성 노동자.

나는 게이 해방 운동을 하다가 감옥에 갔고 직장을 잃었고 아파트를 잃었습니다!

실비아 리베라는 트랜스젠더를 배제하려는 백인 게이 시스 남성에게 맹렬하게 항의했습니다.

1973
그런데 당신은 나를 이런 식으로 대하다니요?

1975년부터 2010년까지 여러 트랜스 협회가 만들어졌습니다. 이 협회들은 트랜스젠더, 성 노동자, 에이즈 바이러스 보유자, 취약 계층을 지원하는 활동을 했으며, 법을 바꾸었습니다.

1976

리캉은 이미 존재하던 정신 의학 및 정신 분석 전환 치료에 기여했습니다.

우생학

1992년부터 2016년까지 트랜스젠더가 법적으로 성별을 변경하려면 외과 수술이 전제 조건이었습니다.

1989

액트 업 파리(Act up-Paris, 에이즈 감염인 권리 보장 운동 단체) 창설

1980
'성전환'은 정신 장애로 DSM***에 포함됐습니다.

DSM-III

HIV는 수많은 유색 인종 트랜스 여성의 생명을 빼앗아 갔습니다.

***정신 질환 진단 및 통계 편람(Diagnostic and Statistical Manual of Mental Disorders)의 약어

1997 – 1re MANIF EXISTRANS
첫 번째 Manif Existrans

1998
트랜스젠더 추모의 날 제정

2004
TRANS ET FIERES!
LES PSYS C'EST L'ENFER
LA TRANSPHOBIE TUE

GAT(Trans Activist Group, 트랜스 활동가 단체)와 파트리샤 메르카데 회담 방해 운동

2010
카린느 에스피네이라와 모-이외즈 토마스의 Transidentity Observatory 창설

트랜스 아동 및 청소년 후원

성전환 정체성에 대한 탈병리화와 탈정신병

출생신고서에 성별에 대한 언급 삭제

특별한 비용 없이 자유롭게 법적 지위 변경 가능

SOFECT 해체

2020
계속되는 투쟁

2012
트랜스포비아 처벌

아주 간단하게 요약한 인터섹스 투쟁사

피촌 파쇼니　에밀리 퀸　숀 사이파 음

인터섹스 사람들은 성적 특징이 이분법적인 의학 표본에 일치하지 않는 사람들입니다.

전 세계적으로 인터섹스는 성적 특성을 '고치기' 위해 어릴 때부터 의학적 제거 수술의 피해자가 되는 경우가 많습니다.

인터섹스 병리학은 19세기에 시작되었으며, 인터섹스 사람들의 신체를 고치기 위해서 도입된 분야입니다.

1868
에르퀼린느 바르뱅이 자살한 현장에서 자서전 발견

H.B.

1978
푸코가 출판

VS

1988
국제육상경기 연맹에 의해 자격 상실

마리아 호세 마르티네즈 파티노

1993
북아메리카 인터섹스 협회 창설

ISNA

제1회 보스톤 시위

HERMAPHRODITES with Attitude

1996

1997
히다 빌로리아는 부모들에게 정보를 제공하기 위해서 언론에 글을 쓰고 브로셔를 발행했습니다.

아이가 분명한 성 정체성을 가질 수 있도록 교육하세요. 하지만 수술은 하지 마세요.

1997
밀튼 다이아몬드

2003
Oii EUROPE
국제 인터섹스 기구 창설

InterACT
2006
인터섹스 청소년을 위한 인권 단체인 InterACT 창설

2008
크리스티안 볼링은 자신에게 신체 제거 수술을 한 외과 의사를 상대로 제기한 소송에서 승소했습니다.

2009
토니 브리파
최초의 인터섹스 시장

VS

2010
세계육상경기연맹은 캐스터 세메냐가 인터섹스라는 이유로 경기 출전을 제한하려고 했지만, 남아프리카공화국 대통령이 세메냐를 지지했습니다.

Collectif Intersexes et Allié-e-s 창설

2016

2015
몰타는 어린이를 포함한 인터섹스인 사람들을 법적으로 보호합니다.

TV 시리즈 <페이킹 잇 (Faking It)>에 자신이 인터섹스임을 밝히는 로렌이라는 캐릭터가 등장합니다.

2014

2013
몰타 선언은 인터섹스의 신체 제거 수술 중단을 요구했습니다.

CONDAMNÉE CONDAMNÉE CONDAMNÉE

프랑스는 인터섹스에 대한 신체 절단 수술로 UN으로부터 세 번의 제재를 받았습니다. **2016**

2017
크로포드 가족은 입양한 아이를 수술한 외과 의사를 상대로 한 소송에서 승소했습니다.

2017
모델 안 가비 오딜은 인터섹스였음을 고백하고, InterACT와 함께 일하기 시작했습니다.

2018
세계육상경기연맹은 안드로겐 과다 선수에게 호르몬 차단제를 복용하도록 요구합니다.

2020
캐스터 세메냐는 유럽인권재판소에 제소했습니다.

INTERSEXES TÊTE DE EN PRIDE

인터섹스 절단 수술을 중단하시오

인터섹스에 대한 인지도가 높아졌지만, 이 운동은 병리학 및 강제 의료 시술에 맞서 계속 투쟁하고 있습니다.

패싱 또는 젠더 퍼포먼스

사회학에서 패싱(passing)은 자신이 속하지 않은 다른 사회 집단의 구성원인 척 행동하는 것을 말합니다. 패싱이라는 용어는 1920년에 대중화된 동사 'to pass'에서 유래했습니다.

차별당하는 집단은 억양, 어휘, 옷, 이름, 걸음걸이 등을 바꾸려고 합니다.

이 단어는 미국 흑인 공동체에서 유래했으며, 주로 백인 패싱을 가리키기 위해 사용됐습니다.

그들의 목표는 노예 제도와 인종 차별주의로 인한 폭력에서 벗어나는 것이었습니다.

시작은 1920년 할렘으로 거슬러 올라갑니다. 드래그 경연 대회에서 상을 받은 게이와 레즈비언은 대부분 백인이자 시스젠더였습니다. 유색 인종은 상을 받지 못했습니다.

1968년 흑인 트랜스 여성이자 드래그 퀸인 크리스탈 라베이자는 대회에서 패한 후, 스스로 댄스 대회를 만들기로 했습니다.

이것이 바로 퀴어 문화 축제의 시작이었습니다.

1970년 미국 흑인 드래그 퀸인 패리스 듀프리가 동명의 잡지 모델들의 포즈를 본떠 보깅* 댄스를 만들었습니다.

흑인과 라틴계 퀴어 볼 룸은 안전하게 자신의 젠더를 표현하고 공연하고 행동하고 역량을 키울 수 있는 사회화의 장소였습니다.

실제로 여장하는 것은 불법이었고, 그럴 경우에 24시간 구금되고 이름, 주소, 고용주가 신문에 실렸습니다.

* 패션모델 같은 걸음걸이나 몸짓을 흉내 낸 디스코 댄스

흑인과 라틴계 LGBTIQA+ 공동체 사람들의 생명을 가치 있다고 생각하지 않는 세상에서 보깅은 그들에게 정체성, 소속감, 존엄성을 느끼게 해 주었습니다.

아프로 아메리칸 문화 전문인 역사가 시온 볼데 마이클

이러한 장소와 춤은 이성애자이며 백인인 시스젠더의 지배적인 문화에 적응하고 초월할 수 있게 해 주었습니다.

이러한 장소들은 얼마나 현실성 있고 진정성 있게 패싱을 하며 시간을 보낼 공간을 제공하는지를 놓고 경쟁했습니다.

지금은 시스젠더 패싱**이라는 용어를 사용하고 있습니다.

** cisgender-passing, 트랜스젠더가 아닌 사람처럼 행동하는 것

시스 패싱, 다시 말해서 시스 사람***에게 그들의 트랜스 정체성을 들키지 않는 것은 트랜스젠더에게 아주 중요한 문제입니다.

*** 트랜스젠더가 아닌 사람들

백인 시스젠더, 이성애자 중심의 서구 사회는
문화를 통해 남자 또는 여자가 어때야 하는지에 대한
관점을 강요합니다.

시스 패싱은 특히 그들의 젠더와 관련된
본질적인 문제에
의문을 제기 받는 사람들이 이용합니다.

따라서 시스 패싱은
사실상 이중 고통입니다.

● 시스 패싱은 시스젠더 기준에 의해
확립되며, 성차별과 마찬가지로
비현실적인 목표와 모순된 명령을
설정합니다.

● 시스 패싱은 트랜스젠더가
보여 주고자 하는 모습의 사람이 아니며,
그들이 거짓말을 하고 있다는 사실을
암시합니다. 설사 젠더로서의 행동 기준이
시스 사람들이 정해 놓은 것이라고
하더라도 말입니다.

따라서 트랜스젠더는 처음부터
속임수을 선택했습니다.

커밍아웃하는 순간 사라져 버리는 안전을 얻으려고
온갖 노력을 다해서 '패싱'을 합니다.

대다수 시스젠더 사람들은
'사회 질서'를 따르기 위해서 결혼하고,
신체와 외모를 표준에 맞추려고 합니다.

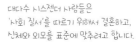

따라서 우리가
시스 표준이라고
부르는 것에서
'일탈'하는
모든 사람은
차별을 받게 됩니다.

패싱에 대한 집착은
시스 섹슈얼이 자신의 시스 특권을 무시하고
트랜스젠더의 할당된 성을
지나치게 부각해(…)
트랜스젠더가 불법이라는 생각을
강화시킵니다.

줄리아 세라노

당신이 노력하지
않는다면 어떻게 당신을
남자 또는 여자라고
부를 수 있겠어요?

당신이
위장한 사기꾼이라는
증거예요!

당신은 젠더에
대한 고정 관념을
강화합니다!

당신이 남녀의 성을
다 가지고 있다면,
당신은 양성애자가
되어야 하지 않을까요?

하지만 있는 그대로의
자신을 사랑하지 않는
이유는 뭔가요?

번역: 우리 기준에 따라 시스가 되거나 존재하지 마세요.

트랜스 혐오자, 인종차별주의자, 인터섹스 혐오자들로
가득한 사회에서 시스 규범에서 벗어나려고 노력합니다.

그들은 직장, 집, 학업, 건강을 잃고,
구타, 강간, 살해를 당할 위험이 있습니다.

그러는 동안에도 시스 사람들은
언제든지 아무런 제약 없이 활동하고 있습니다.